August von Schlossberger

Hans Jakob Breunings von Buchenbach

Relation über seine Sendung nach England im Jahr 1595

August von Schlossberger

Hans Jakob Breunings von Buchenbach
Relation über seine Sendung nach England im Jahr 1595

ISBN/EAN: 9783742891129

Hergestellt in Europa, USA, Kanada, Australien, Japan

Cover: Foto ©ninafisch / pixelio.de

Manufactured and distributed by brebook publishing software (www.brebook.com)

August von Schlossberger

Hans Jakob Breunings von Buchenbach

HANS JAKOB

BREUNINGS VON BUCHENBACH

RELATION ÜBER SEINE SENDUNG NACH ENGLAND IM JAHR 1595

MITGETHEILT

VON

AUGUST SCHLOSSBERGER.

STUTTGART.
GEDRUCKT AUF KOSTEN DES LITTERARISCHEN VEREINS
NACH BESCHLUSS DES AUSSCHUSSES VOM JUNI 1865.
1865.

EINLEITUNG.

Herzog Friderich von Württemberg, geb. 1557, zur Regierung berufen 1593, gest. 1608, ein Regent von ausgezeichneter Geistesbegabung und außergewöhnlicher Willenskraft, neigte sich vermöge seines hochstrebenden Sinnes auch zu einer ungemeinen Prachtliebe hin, welche durch seine Reisen an die glänzenden englischen und französischen Höfe nicht wenig gesteigert wurde. Die von ihm noch als Grafen von Mömpelgart im Jahre 1592 mit zahlreicher Begleitung unternommene Reise nach England ist später auf seinen Befehl von seinem Cammersecretär Jakob Ratgeb unter dem Namen der »Badenfahrt« beschrieben und im Druck herausgegeben worden (Tübingen 1602; Quart). Die Aufnahme in den damals allgemein so hochgeschätzten Orden vom blauen Hosenbande, welche der Graf sehnlich wünschte, scheint bei jenem Aufenthalte am englischen Hofe nicht ausführbar gewesen zu sein, weil die statutenmäßigen 26 Ritterstellen um jene Zeit sämmtlich besetzt waren [1]. Dagegen glaubte sich der Graf, namentlich seitdem er Herzog geworden, zu der Hoffnung berechtigt, daß die Königin Elisabeth ihm die gewünschte Auszeichnung nicht länger vorenthalten werde, und schickte desshalb mehrere Gesandtschaften an den englischen Hof ab, so insbesondere 1595 diejenige, deren Bericht im Folgenden abgedruckt ist.

Dieselbe bestand aus vier Personen, an deren Spitze Johann Jakob Breuning von und zu Buchenbach. Dieser hatte eine solche Auszeichnung wohl seiner großen Lebenserfahrung und Gewandtheit zu verdanken. Er hatte über sechs Jahren nach einander auf Reisen zugebracht, hatte sich um zu studieren und um die

---

[1] Vgl. Sattler, Geschichte des Herzogthums Württemberg unter der Regierung der Herzogen, Th. 5, S. 140.

Breunings Relation.

französische Sprache zu lernen drei Jahre in Frankreich aufgehalten, dann England besichtigt, sofort 1578 Italien bereist und im folgenden Jahre »auß sonderer begird vnd Lust weit vnnd fern entlegene »Länder, auch derselbigen Einwohner, Leben, Religion, sitten vnd »gebräuche zu erfahren, auch nicht weniger wegen der großen an- »mutung vnd zuneigung, so ich nach dem Heyligen Lande (doch »ohne superstition) jederzeit gehabt vnd getragen« eine Reise nach Griechenland, der Türkei, Egypten, Arabien, Syrien und Palästina gemacht [1]. In den Jahren 1596 und 1597 war er Oberhofmeister des späteren Herzogs Johann Friderich im neuen fürstlichen Collegium zu Tübingen. Den Abend seines Lebens verbrachte er meist in stiller Ruhe auf dem 1587 von ihm erworbenen Buchenbachhof (O.A. Waiblingen), doch wurde dieses Stillleben durch die ihm im Jahr 1613 übertragene und von ihm bis zum Jahr 1616 bekleidete Würde eines Obervogts zu Waiblingen und Winnenden unterbrochen.

Unter seinen Reisegefährten bei dieser Sendung machte sich später Benjamin Bouwinghausen von Wallmerode, gest. 1635, einen Namen. Derselbe genoß Herzog Friderichs Vertrauen und Gunst in hohem Grade, wurde geheimer Regimentsrath und Statthalter in dem Herzogthum Alençon in der Normandie, (bei dessen Erwerbung für Württemberg im Jahr 1605 er sich bedeutende Verdienste erworben hatte), bis zu dessen Wiedereinlösung durch Frankreich im Jahr 1612.

Die Gesandtschaft des Jahrs 1595 war allerdings nicht von dem erwünschten Erfolge gekrönt, sowenig als eine weitere im Jahr 1598, an deren Spitze Bouwinghausen stand, allein nachdem die Königin Elisabeth 1603 gestorben war, schickte Herzog Friderich Bouwinghausen an den König Jakob, um ihm zu seiner Thronbesteigung Glück zu wünschen, und diese am englischen Hofe sehr gerne gesehene Aufmerksamkeit des Herzogs bewirkte, daß der König den Herzog noch in dem nämlichen Jahre in den Orden aufnahm und ihm durch eine eigene Gesandtschaft die Insignien desselben über-

---

[1] Vrgl. die Vorrede zu der „Orientalischen Reyß deß Edlen vnnd Vesten „Hanß Jakob Breuning von vnd zu Buochenbach, so er selb ander in der „Türkey, vnder des Türkischen Sultans Jurisdiction vnd Gebiet, so wol in „Europa als Asia vnnd Afrika, benautlich in Griechen Land, Egypten, Arabien, „Palestina, das Heylige Gelobte Land vnd Syrien . . . vor dieser zeit ver- „richtet . . . Gedruckt zu Straßburg bei Johann Carolo im Jahr MDCXII" (Folio).

sandte. Bei dieser Gelegenheit veranstaltete Herzog Friderich glänzende Festlichkeiten, welche umständlich geschildert sind in Erhardus Cellius, Eques auratus Anglo-Wirtembergicus etc. (Tubingæ 1605; Quart), Assum, Panegyrici tres Anglo-Wirtembergici etc. (Tubingæ 1604; Quart) und Sattler a. a. O. S. 256 fg.

V̈NDERTHENIGE RELATION MEIN HANS JACOB BREÜuing, Was von der zeyt an ich von Hoff naher Engellaudt gnädigh abgeferttigt, biß wieder vff dato meinner ankompfft fürgangen, vnnd mit bestem meinem vleiß vnderthänigh verricht worden.

DVRCHLEICHDIGER Hochgeborner Fürst, gnädiger Herr. Demnach von E. F. G. Ich den 2. Martij diß ablauffenten 95. Jhars zu Kircheimb vnder Tegckh mit Instruction, Credentz vnndt anderen schreiben, zu der Könnighlichen Mt. ihn Engellandt gnädigh abgeferttigt worden: So hab ich nach E. F. G. gnädigh zu mir tragenten vertrawen, auch nach eüsserstem vnnd bestem meinem vleyß vnnd vermögen mir dieselbige vffgetragene Legation angelegen vnnd befholen sein lassen. Wie dan E. F. G. vsser dieser meiner vnderthänigen Relation den anfangh, das mittell, vnnd endt meiner verrichtungh gnädigh zu uernemmen. Anfangs bin ich nach meiner abferttigung vff E. F. G. gnädigh zulassen noch etlich tagh zu Buochenbach vß erhäblichen vhrsachen verharret, nämblich daselbst meiner gütter halben nothwendige nachrichtung zu hienderlassen.

Den 5. Martij aber bin Ich von Buochenbach neben Hans Eyttel Brendel von Hamburgh, E. F. G. Chammer Jungen, vnnd Hans Eplin von Güglingen alß zugegebenem diener vff vorstheeute Reyss ihn nammen Gottes vmb ein vhr nach mittem tagh mit treyen meinnen eygnen vnd zweyen metzgher pferdten vffgewesen. Sein zu nacht blieben zu Bleydelsa. Daselbst hab ich mein knecht mit meinen eygnen pferdten wieder zurückh geschückth vnnd audere bawren pferdt genommen. Von Buochenbach biß anhero sein zwo meil wegs.

Den 6. Martij zu grossen Ingerssen über den Neckher. Sein zu Güglingen zu mittagh blieben; sein zwo meill wegs. Vff die nacht aber sein wier gen Michafeldt khommen, welches dorff Leonhardt von Gemmingen zugehörigh; sein auch zwo meill wegs.

Den 7. zogen wier vff Istringen, den nechsten wegh nach Reinhausen. Dahien wier vff den mittagh khommen, alda hab ich die bauren von Bleydelsa mit ihren pferdten wieder abgeferttigt, fhuren alßdan über Rhein, vnnd khamen vmb trey vhr gen Speyer. Von Michafeldt alhero ist vierthalb meill wegs.

Den 8. bin ich zu Speyer geblieben, die Franckhen gegen goltgülden verwechßlet, auch nachfragh gehabt, durch was wegh wier ferner unser Reyß am sichersten vnnd füglichsten möchten angreyffen; alda hab ich zu meinem mittgesellen vff vorstheente Reyß genommen den Edlen Vesten Beniamin Buwiuckhausen von Wallmerad, also das von Speyer vß volgents vff der gantzen Reyß vnnser vier gewesen.

Den 9. haben wier vuuß vf ein nachen vff den Rhein gesetzt, vorhabens mit demselbigen biß gen Mentz zu fharen, alß sich aber wieder verhoffen vff dem Rhein ein gar starckher wiederwerttiger wiendt erhube, also das die schüffleüth ihnnen selbsten weitter nit trawetten: musten wier augenscheinliche gefhar zu uerhütten zu Ketsch (welches dorff ein meill wegs von Speyer liegt) wiederumb zu landt fharen. Vnnd weyll wier daselbsten kein andere gelegenheyt vortzukhommen hatten, sein wier zu fuß biß ghen Ladenburgh gangen, dahien anderthalb meill wegs whar. Zu Ladenburgh haben wier ein karch genommen, vnnd sein noch zwo meill wegs in ein dorff Lambarten genant vff den abent khommen.

10. Von Lambarten war noch biß gen Wormbs ein meill wegs, dahien wier vf einem nachen gefharen. Zu Wormbs haben wier ein gutschen bestelt biß gen Mäntz. Zu mittagh in einem geringen dörfflin Hülsen genant, (so dem Grauen von Falckhenstein gehörig) gefüttert. Vnnd weyll wier wegen böses wegs mit der gutschen nit vortkhommen khönnen, haben wier alda noch zwey pferdt vorgespant. Alß aber diese zwey pferdt wieder zuruckh wharen, vnnd mir noch mer alß ein meil wegs vff Mäntz hatten, blieb vnser gutschen an einem bergh zwieschen den weingartten steckhen. Liessen also vnseren diener bey der gutschen, vnnd erreichten wier noch mit grosser mhüe zu fuß vor dem thorsperren die Statt Mäntz, vnnd sein von Wormbs alhero sieben meill wegs.

Den 11. sein wier zu Mäntz blieben; ohnangesehen das wier vermeinten, ein schüff zu haben: so war doch der schüffmann so betrunckhen, das wier ihme nit woll trawen durfften. Vnnd ob ehr woll schon mit vnnß abgefharen, benötigten wier ihnne wieder anzulländen, vnnd vnnß außzusetzen.

Den 12. nammen wier ein schůff biß gen Cöln, vnnd prouiantirten vnnß daruff, damit wier zu mittagh nit anfharen dŭrfften. Vff den abent khamen wier gen Poppart, welche Statt dem Churfürsten von Trier zugchörigh; sein allhero von Meutz sieben meill.

Den 13. sahen wir das schloß Erenbrecht- oder Hermelstein vnnd gegen über die Statt Cobelentz und andere orth meher, khamen vff die nacht gen Bonn. Alda die Soldaten die oberhandt vnnd ihren hauptman, Linden, gefangen hieltten. Würden vnnß durch den fhürer (welcher Württembergiesch, vnnd von Herrenbergh bŭrttigh whar) des volgenten tags frŭe die thor eröffnet. Wier gaben vnnß aber nit zu erkhennen, sondern zeygten ahn, wier stŭnden dem Churfürsten von Cöln zhu. Allhero sein von Poppart zwölff meill.

Den 14. khamen wier gen Cöln, dahin wier vier meill wegs hatten, ohugefharlich vmb 9 vhr vor mittemtagh. Weyll wier vnnß aber nhunmher woll zu berhatten vnnd zu bedenckhen, welcher gestalt wier volgents die reyß wegen vorstheenter gefhar angreyffen wollten, auch weyll die päpstiesche Ostern mit einfhiell, derenthalben die schŭffleüth abzufharen sich beschwerdten, blieben wir allhie zu Cöln biß vff den 17. Martij. Bekhamen durch Practickh ein Paßport von der Statt Cöln, ihn welchem vermeldet, wie das wier inwhonner vnnd Burger daselbsten weren, damit wier vnnß an allen Päpstieschen orthen, da wier gerechtferttiget werden möchten, zu gebrauchen.

Den 17. haben wier zu Cöln ein schůff genommen biß gen Dortbrecht, vnnd alß wier vnnß daruff prouiantirt, sein wier vor mittagh abgefharen, khamen vff Zons, Neuß, Disteldorf, Keyserswerth, Ertingen, Angerorth, Camillenschantz, alda wier ihn der nacht überfhuren, wurden von den Soldaten gerechtferttiget, welche, da sie hörten, das wier Burger von Cöln, gaben sie sich zufrieden, blieben über nacht zu Rhurorth. Sein alhero von Cöln acht meill wegs. Dieser fleckhen gehört dem Hertzoghen von Gülch zhu. Alhie hab ich das Credentz vnnd andere schreiben, so woll auch die ketten vnnd geltt, so ich bey mir gehabt, in wäxin duch woll zusammen eingemacht, vnnd ihm schůff in ein vbaß mit weinhäffin gethan, biß gen Schenckhenschantz, darinnen solche sachen gewůßlich niemandt würde gesucht haben. Dan ich besorgte mich, möchten an ettlichen orthen besucht, oder sonsten gar durch Freybeütter geblündert werden.

Den 18. khamen wier für Dinschlagen, Orsa, zu mittagh aber gen Bergh. Alda warden wier von der Spanuieschen garnison langh vexirt vnnd vffgehaltten, also vnnß vnder dem thor, ehe wür wurden eingelassen, des Cölnieschen Paßport müssen gebrauchen. Insonderheyt aber wurde vnnß von dem Wachtmeister hart zugesetzt. Von dannen khamen wier vff Wesell, Bürickh, Santten, Reeß, Girit, Kalckher, Cleue, Emmerich, Girithusen, Fussegat oder Schenckhenschantz, alda wier über nacht blieben, vnnd sein von Rhurorth bißhero neün meill wegs. Verhofften also nunmher vff dem Rhein die gröste gefhar überstanden vnnd das spiell gewonnen zu haben.

Den 19. khamen wier vff Gülichs Zollhauß, Hüesen, Arnheim, Dorwerth, Rinnen, Wückh, alda wier vor der Statt heruß in einem abgesönderten Würtzhauß über nacht blieben; diese Statt ist den Stadten zugehörigh, vnnd sein von Schenckenschantz alhero sieben meill.

Den 20. khamen wier gen Küllenburgh, da der Graff sein hoffhalttungh. Von dannen an die fhart Vionen, Rammey, Newport, Schonhouen, von dannen vff Grimpen, vff den abent aber gen Dortbrecht, dahien von Wückh sieben meill gerechnet. Ehe wier aber alhie ankhommen, wheren wier beynhae durch übersehen vnnseres schüffmanes vnder ein groß lästigh schnff (so mit holtz geladen, vnnd mit vollen segeln fhur) gerhatten, vnnd schaden erlitten.

Den 21. haben wier vnnß zu dort vff ein grauilla, die Mheerman genant, gesetzt, sahen von fernen Gertraudtenbergh, Bredaw, Welmstatt, Dergoß, Derferth. Sein diese nacht vff der See geblieben. Sahen alda etliche thürn ihm wasser von den dörffern, so in dieser gegendt vor Jharen erseüfft worden.

Den 22. khamen wier vff Armüden, alda liessen wir vnnß zu land setzen, vnnd ist eine kleine meill wegs von hiennen gen Mittellburgh, dahien wier zu fuß spatzierten. Von Dortbrecht aber biß gen Mittellburgh sein achtzehen meill wegs. Nach dem morgenessen giengen wier von hiennen volgents biß gen Flüssingen, so auch nur ein meill wegs von Mittellburgh gelegen.

Von Ahrnem oder von der Fhartt hetten wir sambtlichen gern ein abwegh vff Ambstertham vnnd Rottertham genommen, dieselbige fürnämme Stätt zu besehen. Aber weyll mir E. F. G. gescheft billich mher sollen angelegen sein, auch daneben zu besorgen gewesen, das durch solch vmbziehen vieleicht ein gutter wiendt zu Flüssingen verabsaumet: so hab ichs nit wagen wöllen, sondern denselbigen spatzierwegh für dißmall abgeschafft.

Sontagh aber den 23., Montagh den 24. sein wier zu Flüssingen blieben vnnd vff gutten wiendt gewarttet, wie gleichfals auch Zinßtagh, den 25. Martij, biß vff den abent. Monsieur de Sydenay, guberneur de Flüssingen, war nit albie, sondern vff seinen güttern ihn Engellandt.

Den 25. Martij gegen abent giengen wier ins schüff, auch die Mheermän genant, vnnd fhuren erst vmb 9 vhren ab, mit nordost, einem gutten wiendt für vnnß, fhuren diese gantze nacht.

Den 26. bey gutter tagzeytt waren wir schon an den vorlanden von Engellandt. Vmb fünf vhr aber nachmittag khamen wier in den Port oder hafen gen Grauesenda, also das wier von Flüssingen vß die 60 meilen biß alhero ihn 20 stunden, vnnd die stundt trey meill wegs gefharen.

Den 27. sein wier volgents gen London vff dem Fluß Thamasi gefharen, vnnd sein alhero zwäntzigh Engliescher oder vier teütscher meilen. Kerten ein beim weyssen Beeren.

Den 28. alß Freyttagh sein wier vß dem offentlichen Würtshauß zu dem Breart, einem Frantzosen, an diesch angestanden.

Alß wier nun zu London ettlich tagh ohnbekant gewesen, vhrsach weyll wier durch die Niederlandt vnnß gantz geringer kleidung beulüssen wegen etlicher gefharlicher orth, dafür über wier passieren müssen. Also zuuor vnnd ehe wier bey der K. Mt. vnnß anmelden liessen, haben wier eheren vnnd noth halben vnnß zuuor kleiden müssen. Mitlerweyll hab ich mich souiell möglich vmb die Personnen, bey denen ich zu schaffen, vnnd die mir zu meiner werbung verhülfflich sein köndten, befragt vnnd erkhündiget, damit E. F. G. schreiben ich zu gebürenter zeytt überantwortten, mich auch bei all denibenigen, deren in meiner Instruction gedacht, angeben möchte. Erstlich aber hab ich vernommen, dass Monsieur de Beauuois, Empassadeur du Roy de France, für einem monat von hiennen ihn Frankreich verreyset; also das ich mich für dißmall seines rhats, hülff vnnd befürderung nit zu getrösten gehabt. Monsieur de la Fontaine, Ministre, der hatt bey K. Mt. keinen access, wiewoll das ehr vieler grossen Herren freündtschafft, bey denen ehr alß ein mittell Person viell vermagh. In massen es dan auch an seinem vleyß in dieser gantzen sach nit ermangelt, dan ohnzheelbar viell missiuen zwieschen mir vnnd ihme hierunder ergangen, wie hieunden weitters soll vermeldet werden. Monsieur de Staffort vermochte ytziger zeytt wönigh oder gar nichts zu hoff, also das wönig bey ihme zu hoffen. Wie ehr dan auch vhast die gantze zeytt übell vff, vnnd nit gen hoff khommen. Monsieur de Sydenay, guberneur de Flüssingen, vnnd Mylord Cobhan sein nit gen Londen khommen biß schier vff S. Görgen tagh, dan sie vff ihren güttern vfm landt wharen. Derhalben ich sie bede auch nit ehe anreden khönnen. Dieihenigen Herren aber am Englieschen hoff, an denen am meisten gelegen, vnnd durch deren händt alle sachen gheen müssen, an welche sich alle Frembde gesanten insonderheyt zu addressieren, sein der Herr Graff von Essex, grand Escuyer d'Angleterre (welcher dieser zeytt allein für der Könningin fauoriten gehaltten württ), vnnd dan der Baron de Burghly, grand Thresorier d'Angletterre, welcher altte Herr bey ihr Mt. sher viell vermagh, vnnd ohne den sie wönig thutt, dan ehr (also zu reden) der Könningin Legerbuch.

Wie ich solches alles doch ohnerkanter weyß vernommen, hab ich mich, sobaldt wier vnnß gebürlich bekleidet, vnnd solches desto bäldter wegen eines anwesenten vermeinten Württembergieschen Gesantten Stamler genant (dessen vßfhürlich hieunden meldung geschehen soll) den ersten Aprilis bey dem Herren Grauen von Essex anzeygen lassen. Welcher mich ihn sein Hauß in der Statt (ob ehr sich sonsten woll gemeintlich zu hoff hellt) vf den 2. tagh Aprilis, vmb 9 vhren vormittagh, bescheiden. Daselbsten bin ich von ihme gar freündtlich empfangen worden, vnnd nachdem ich ihnne volgenter gestaltt angeredt, hab E. F. G. schreiben ich ihme damalen überantworttet:

Illustris Comes, Domine gratiose. Missus huc ab Illustrissimo Principe et Domino, Domino Friderico, Duce Wirtembergico et Teckensi, Comite Montis Beliardi, Domino meo clementissimo, qui apud Serenissimam et Potentissimam Angliæ, Franciæ, et Hiberniæ Reginam, Dominam nostram clementissimam, quæ in mandatis haberem post porrectas Suæ Maiestati litteras credentiæ nomine clementissimi mei Domini humillime exponerem : Nihil prius habui, quam ut ante omnia Excellentiam uestram conuenire mihi liceret, tum quod ita in mandatis haberem, tum etiam quod illum ipsum omnium quidem aduenarum, præcipue uero uationis Germanicæ unicum fautorem, protectorem et promotorem, non modo hæc Anglia, sed ipsa etiam prædicaret Germania. Huius uoti nunc compos factus præsentes uestræ Excellentiæ Illustrissimi Domini mei exhibeo litteras, præter quas et ipse coram Suæ Celsitudinis amicissimam et officiosam salutem uestræ Excellentiæ indicare iussus sum, simulque eandem nomine prædicti mei Illustrissimi Domini pro illa, qua Sua Celsitudo ab eadem excepta ante hac fuit amicitia, rogare et obtestari, illa sua ope, consilio et auxilio, quo uestra Excellentia apud Regiam Maiestatem plurimum ualet, nunc Illustrissimo Principi meo adesse, Suamque Celsitudinem serio iuuare uelit, pro illa, semel promissa, sæpius solicitata, et a Sua Celsitudine maxime desiderata, Regia gratia nunc tandem in effectu impetranda. Quod Sua Celsitudo nullo modo dubitat, quin uestra Excellentia paratissimo animo sit factura et porro sua interuentione a Serenissima Regia Maiestate impetratura. In quem finem itidem Excellentiam uestram humiliter rogo, ut apud Regiam Maiestatem clementissimam personalem audientiam mihi impetrare uelit, quo Suæ Maiestati, quæ in mandatis habeo, præsens quam humillime exponere mihi liceat. In cuius beneficii uicem Illustrissimus Princeps et Dominus meus Excellentiæ uestræ uicissim quolibet officii genere in perpetuum erit et manebit deuinctus. Egoque humillibus seruitiis pro hac gratia Excellentiæ uestræ subiectus manebo.

Hieruff hatt er geantworttet, ehr thue sich vnderthänig bedanckhen, das E. F. G. sein so gnädigh ihngedenckh gewesen vnnd an ihnne geschrieben. Er frewe sich auch, das dieselbigen Engellandt nit vergessen, vnnd so grosse affection zu demselbigen tragen, vnnd durch gesantten besuchen; thetten also mich in dieser landts arth wüllkhommen heyssen, mit freündtlichem anerbietten, mir bey der K. Mt. gnädigst audientz mit ehestem zu impetrieren. Erkhenne sich auch in dieser vnnd anderen sachen E. F. G. zu diennen schuldigh, wölle also, souiel an ihmme sthee, an seinnem müglichen vleyß nichts erwienden lassen. Nachmalen hat der Graue mich biß vnder die haußthier beleittet, vnnd seinner Secretarii einnen, Signor Arrigo Wotton, mich biß in mein losament zu beleitten zugegeben.

Zwen tagh hernach hab ich zu dem Monsieur de la Fontaine geschückth vnnd begert, wollte ohnbeschwerdt sein vnnd zu mir khommen; dan wir vor gehabter gnädigster audientz bey der K. Mt. nit viell vßzugheen, sondern ihm hauß zu bleiben gebüren wöllen. Monsieur de la Fontaine aber zeygte mir vnder anderem ahn, es where ein grosser fheell begangen worden, das ich kein schreiben an den Thresorier mitgebracht, vermeindte, da Blanckelten enthalben, so were der sachen woll zu rhatten. Dan ehr hieltte gleich anfangs darfür, das vnnß solch übersehen sher schädtlich vnnd nachtheilig sein würde. In massen ich dan auch nachgheents solches ihm werkh erfharen. Doch damit man den grand Thresorier ettlicher massen zum freündt haben möchte, hatt ehr mir gerhatten, sollte, so baldt ich audientz gehabt, mich zu ihme verfügen vnnd ihme E. F. G. gruß anzeygen, auch E. F. G. schreiben an den Ritterlichen Orden ingemein ihme alß dem Elttern übergeben. Gleich des anderen taghs schückte erstgedachter grand Thresorier zu mir vnnd ließ anzeygen, weyll ehr vernommen, das ein Württembergiescher gesantter ankhommen, so sei sein begeren, ich wölle keins wegs vnderlassen, mich volgenten morgen bey ihme einzustellen. Solches habe ich vß rhat obgemelttes Fontaine gethan. Wurde von ihme (so damalen ihm beth am potegra lagh) freündlich empfangen, vnnd alß ich ihme zuuorderst E. F. G. gruß angezeygt mit angehenkther bith, ehr wölle ihme E. F. G. sachen zu befürderen angelegen sein lassen, inansehen, das dieselbigen zu ihme das sonderlich gutte vertrawen, solches vmb ihnne vnnd die seinigen begeren E. F. G., in anderem, worieunen ihnnen ihmmer müghlich, freündtlich zu beschulden. Darauff ehr mir geantwortet: thette sich des zugebottenen gnädigen gruß höchlich bedanckhen. Es seyen auch E. F. G. wegen hieuor geschückhten botschaffter von ihr Mt. vnnd allen Engelländieschen Herren nit allein bekhant, sondern auch sher geliebt. Wölle also dran sein, das ich vfs fürderlichst audientz haben soll. Desselbigen nachmittagh last mir der Herr Graue von Essex durch obgemeltten seinen Secretarium Wotton anzeygen: es sey ihr K. Mt. gnädigste resolution, ich solle mich den volgenten tagh, alß nämblich Sontags den 6. Aprilis, bei hoff einstellen, wöllen ihr Mt. mir gnädigste audientz geben. Deßgleichen baldt hernach lest mir der Herr grand Thresorier auch anzeygen mit vermelden, ich solle mich zu hoff ihn sein gemach verfügen. Von dannen wölle ehr mich zu ihr Mt. fhüren lassen.

Weyll ich aber mittler weyll ihn gewüsse erfharung gebracht, das zwieschen beden obgemeltten Herren, nämblich dem Grauen von Essex vnnd dem grand Thresorier, nit ein geringe æmulation vnnd inuidia sey, also auch, das offtermalen, was der eine begert zu befürderen, solches der ander mit allem vleyß verhiendert: so hab ich nit woll gewüst, wie ihme zu thun sey, sonderlich weyll ich vernommen, ob woll der Graue von Essex dulden möge, das sich die gesantten bey dem grand Thresorier insinuiren, so möge doch hiengegen der Thresorier nit leiden, das man sich zu yemandt anderem alß ihme allein addressiere.

Damit ich nhun weder einen noch den anderen erzürnte, hab ich ein klein briefflein an den Herren Grauen von Essex geschrieben, dariennen vermeldet, was sich mit dem grand Thresorier verloffen, vnnd was ehr mir zu entbotten. Weyll aber von E. F. G. ich insonderheyt zu ihme addressirt worden, were ich entschlossen, ohne denselbigen nichts zu thun, bette derhalben ihnne vmb rhatt, wessen ich mich zuuerhalten. Daruff hatt ehr volgenten tagh vmb die 2 vhren seinen Secretarium Wotton zu mir geschückth sambt seiner gutschen vnnd mir anzeygen lassen, ich solle nit vnderlassen, mich zu dem grand Thresorier zu begeben, vnnd demselbigen zu volgen, dahien mich dan gemeltter Secretarius beleittet. Von dem grand Thresorier wurde ich allerhand sachen halben befragt, nämblich von E. F. G. altter, wher derselbigen gemhalin, von deren jungen herrschafft, von den benachbarten Fürsten, vnnd dergleichen, welches ehr alles also baldt vffgeschrieben, so langh vnnd viell, biß der General Noritsch (so kurz zuuor vß Franckreich khommen vnnd gleich hernach wieder die rebellieschen ihn Jherlandt gesandt worden) mit einem oder zehen stattlichen vom adell ankommen, welche mich erstlich ihn die Camera de presenza gefürt vnnd daselbst mit allerley gesprech vffgehaltten biß so lang, das der grand chambellan khommen, mich empfangen vnnd in die chambre priuee gefürt, daselbst man dan all meine zugehörige eingelassen. Es whar aber la chambre priuee, wie auch la chambre de presence, gesteckth voll mylord, stattlicher Herren, Grauen, vom adell, auch einem sher stattlichen, vßbündigem schönnem, gräuelichem vnnd adentlichem Frawenzimmer. So baldt ich nhun ihr Mt. ansichtig worden, hab ich die erste reuerentz gethan, daruff ihr Mt. mit vßgebreitten armmen mir biß vast mitten ins gemach entgegen gangen, alda ihr Mt. ich mit gebürenter reuerentz die handt geküst. Daruff haben sich ihr Mt. wieder zurückh begeben vnnd vff einen sessell vnder einnem hiemmel von güldenem stückh gesetzt. Alß ich mich aber vor derselbigen vff das knie begeben wöllen, haben ihr Mt. mir solches nit zugelassen. Vnnd hab ihr Mt. ich volgenter gestalt ohngefharlich in Italieniescher sprach (weyll mir angezeygt, solches am anmüttigsten sein würde) vnderthänigst angeredt:

Screnissima et Potentissima REINA, Signora clementissima, poi che a uostra Maiesta, clementissimamente ha piaciuto a questa hora darmi licenza gratiosa, de comparir nella sua presenza, et admittermi a proporle, per qual cagione uerso la sua Maiesta dal Illustrissimo Principe, Federico Duca de Wirtemberg et Teck, Conte de Montbeliard, Signore mio clementissimo, io mandato sia, ogni prima uostra Maiesta humillissimamente ringratio per concessami questa si gratiosa personale udienza. Appresso con ogni humilta et suggettione le supplico, che con quella medesima benignita Reale et ingenita clemenza uoglia prestar orechi a quello, che per adesso dauanti de lei da parte del Illustrissimo mio Signore io sono per proferire, et poi tale benigna risolutione seguir faccia, che sia conforme a quelle sue per tutto l'uniuerso celebrate ne mai a bastanza lodate Regie uirtu, a le benignissime Regie promesse, par dauanti da V. M. all' illustrissimo Principe fatte, a la speranza ferma, che sua altezza de qui ha conccuuta, et a la espettatione et desiderio, che quella ha d'ottenere da V. M. quello, a che fine dall' illustrissimo mio Signore io sono mandato in qua. Il quale e, che appresso d'hauer la V. M. l'illustrissimo mio signore, con ogni humilta salutato debitamente, et presentatole gli suoi humilli, prontissimi et sempre mai paratissimi seruici, a S. A. non potrebbo esser al mondo altra cosa piu cara et accetta, che d'intender la buona santa di V. M. et prosperita desiata in tutte le sue uertuosissime, magnificentissime et christianissime Imprese, pregandole dal sommo Iddio, nostro signore, uita ben longa, reggimento tranquillo et chieto in tutte quelle cose, che V. M. al buon della christianita et commun bene ogni di lodatissimamente et con uertu ueramente Regie essordiua, meditaua et moliua, successo fœlicissimo et essito bramato. Poi che uostra Maiesta senza dubio gratiosamente si ricordaua, in che modo per diuerse uolte sua Altezza humilmente richiesto et supplicato le hauea per l'ordine et l'insegna de la chartiere, che piacesse a V. M. con Regia benignita far participe S. A. de questa honoratissima dignita, et di riceuer quella al numero de cauallieri de questo lodatissimo et Illustrissimo Ordine. Che a questa domanda et petitione l'illustrissimo

Principe era stato incitato et confirmato allora, quando S. A. si ritrouaua dauanti tre anni personalmente qui in Inghilterra, et V. M. benignamente et gratiosamente ella medesima al detto Signore mio clementissimo questa dignita presento, con ferme Reali promesse di dar a S. A. quanto prima l'insegna di questo lodatissimo Ordine, et farla quanto prima del numero di questa illustrissima et nobilissima compagnia. Come in adimpimento della predetta Reale clementissima promessa et in compimento della humile domanda dal Illustrissimo Principe, Signore mio, V. M. tutte le uolte, che S. A. per questa dignita le ha supplicato, ha dato risolutione benigna et piena de speranza, de douere S. A. ben presso ottenere questa domandata gratia. Gia ancora che della parola et promessa di V. M. sua altezza non dubitaua punto, sapendo certamente, che V. M. di quella gia mai mancarebbe, nondimeno perche uedeua oltre la fermamente concetta sua speranza andar a differirsi et procrastinarsi l'effetto della detta Reale promessa, (di che quale sia la cagione, a S. A. e ignoto), approssimandosi ancora il tempo ordinario, nel quale questa honoratissima dignita et insegna conferirsi solea, uoluto non ha ne potuto intralasciare, che di nuouo et cosi la terza uolta a V. M. non mandasse me. Il quale a V. M. in nome di S. A, con ogni humilta et suggettione proponessi le sopradette cose, reuocassi in memoria la sua Reale benigna promessa, et deuotissimamente le supplicasse, de non uoler patire, che S. A. piu oltre differita et sospesa stia, ma che pur a questa uolta V. M. in questo affare dia quella finale gratiosa et clementissima Reale risolutione, quale tanto tempo da S. A. e aspettata et desiderata, et la quale de douerla pur adesso ottinere intieramente confide. Quella poi non gia tanto per alcun' altra cagione, quanto per la diguita et l'honore, che S. A. si sente hauer riceuuto, nel impetrar da V. M. la detta gratia, in che fine io sono mandato, a far questa ambassiata. La quale da V. M. tanto piu sara accelerata et missa in effetto, quanto che questa cosa tendera a confirmatione et accrescimento (se pur a la sua gloria qualche cosa acceder puo) della lode et fama, che da lei gia molto tempo ha impiuto tutto il mondo et fatto riguardar et osseruarla tutti i Principi dell uniuerso, i quali dalle sue rarissime uertu et heroiche attioni uinti non piu a quelle inuidono, ma le admirano et stupiscono, le quali tutti mali temono, et ciascun buono estolle, riuerisce et ama. Tra le quali essendo sommamente prædicata la fermezza delle sue promesse, et come quelle ad alcuno mai indarno et senza effetto fatte furano, cosi manco spera S. A., che ne sara lasciata piu oltre priua, massimamente si V. M. riguardara la stirpe generosa, la casata et sangue illustre de maiori de S. A., che la fanno di questo honore non manco d'altri dignissima. Quanto poi a la persona de S. A. anchora che quella non habbia fatta fin qua cosa in seruitio di V. M., con la quale cotesta gratia et beneficio meritato hauesse, che non dimeno tutte et quante uolte a S. A. sarebbe data occasione et luogo de impiegarsi in seruitio di V. M. ouero dell' illustrissimo Ordine, non lasciarebbe d'usarui ogni suo potere et in tal modo primamente uerso di V. M. et dappoi uerso tutto l'ordine cosi in speciale come in generale deportarsi, che V. M. ne sarebbe per hauere clementissimo et gratiosissimo contentamento et piacere. Finiscendo con questo a V. M. humilissimamente la mia persona raccomendando per sua benigna et aspettata risolutione con ogni diligenza et summissione deuotamente le supplico.

Alßdan hab Ihr Mt. ich E. F. G. Credentzschreiben mit gebürenter reuerentz überreicht, welche dasselbige erbrochen vnnd gelesen. Daruff Ihr Mt. geantworttet: Sie habe E. F. G. schreiben, wie auch mein mündtlich fürbringen genugsam verstanden vnnd ihn gnaden vernommen. Thetten sich der freündtlichen begrüssung höchlich bedankhen. Was aber den rest anlangen thue, wöllen ihr Mt. mir ihn künfftigem vnnd mit ehestem weittere gnädige audientz vnnd resolution wiederfharen lassen. In mittelst were ihr Mt. gnädiges begeren, das Ich dasihenige, so ytzo mündtlich fürbracht, derselbigen auch ihn schrifften vß sonderlichen vhrsachen übergeben hette. Vnnd nachdem ich solches vnderthänigs einverwülliget, ist mir wieder gnädigst erlaubt worden. Ihr Mᵗ wharen dißmals in ein silberin stückh bekleidet mit herrlichen Cleinnotten, ohnsäghlichem geschmuckh gezirt, trugen vff dem Haupt ein Königliche beerlin Kron. Ihm wiederheraußgheen hab ich den Herren Grauen von Essex ihn seinnem gemach uisitirt. Dan weyll ehr nit woll vff gewesen, ist ehr nit zu der audientz khommen. Bedanckhet mich gegen ihme wegen der beförderten audientz, vnnd bath, ehr wollte ihme nachmalen die sach befholen sein lassen. Welches ehr versprochen. Haben mich also der General Noritsch vnnd andere vom adell gar biß zur gutschen beleittet. Daselbsten ich von ihnnen mein abschiedt genommen, vnnd wiederumb neben dem Secretario Wotton in mein losament gefharen.

Den 2. tagh hernacher hab ich mich zu dem grand Thresorier mit vorwüssen des Grauen von Essex vnnd Monsieur de la Fontaine rhatt verfügt, demselbigen E. F. G. schreiben an den Orden überlüffert, vnnd dabey angezeygt volgents inhalts:

Generose Baro, Domine gratiose, post habitam clementissimam Regiam audientiam, pro qua impetrata Excellentiæ uestræ maximas ago gratias, hasce præsentes Illustrissimi Principis mei litteras E. V. tradere a Sua Celsitudine in mandatis habeo, quarum inscriptio licet generalis sit, tamen præ reliquis omnibus ex illustrissimo Ordine E. V. offerendæ fuere: tum quod Sua Celsitudo uestram Excellentiam haberet uice omnium, tum etiam quod S. C. ea firma esset confidentia, quod V. E. præ reliquis omnibus hanc causam pro impetrando, iam dudum a Regia Maiestate Illustrissimo Principi promisso, ordine de la Jartiere promotura esset. Quod si Illustrissimus Princeps E. V. ope pro uoto adeptus fuerit, Celsitudo Sua pollicetur, se uicissim erga Excellentiam uestram uniuersam suam familiam omnesque sibi charos talem fore, ut V. E. cognoscat, Suam Celsitudinem beneficium agnoscere, et eidem ad omnia possibilia obligatam manere.

Daruff ehr sich erbotten, das beste zu thun, was an ihme were. Doch wollte mich bedunkhen, das ihme nit gefallen, das kein besonder schreiben an ihnne abgegangen. Sölches aber hab ich vfs beste alß mir müghlich entschuldigt vnnd gebetten, das ehr vff E. F. G. seitten sein wölle.

Ob mich nun woll dieser tagen das trittäghliche Fieber angrüffen, also das ich ihn der Person ein zeyttlangh von hauß nit khommen, hab ich doch ohnangesehen dessen nit vnderlassen, stettigh bey dem Monsieur de la Fontaine schrifftlich zu solicitiren, das ehr benanten Herren souiel müghlich vff E. F. G. seitten zu sein bewegen wollte. Welcher vhrsachen halben ehr dan viellmalen bey mir gewesen. Wie ich dan auch offtermalen Büwinckhausen zu ihme geschückth, vnnd schier kein tagh vergangen, daß zwieschen mir vnnd ihme nit schreiben hien vnnd hero gangen. Wie dan auch zu der sachen befürderungh, ihr Mt. vnderthänigst zu gehorsammen, ich ohne allen verzugh Büwinckhausen zum Herren Grauen von Essex gesant, vnnd ihme die proposition in scriptis präsentieren lassen, mit bith, dieselbige ihr Mt. zu überantwortten. Wie dan auch alles dasihenige gegen dem Grauen wiederholet worden, was ich zu beförderung der sachen dienstlich zu sein erachten können. Daruff ehr sich gar freündtlich erzeygt vnnd was ihme zu thun müghlich versprochen. Die proposition aber hab ich ihn Lateinnischer sprach volgents inhalts übergeben:

SERENISSIMA ET POTENTISSIMA Regina, Domina clementissima. Quando Maiestati uestræ Serenissimæ clementissime placuit, ut Illustrissimi Principis legationem, a me præsente humillime expositam, etiam in scriptis eidem exhiberem, Vestræ M. gratiosissimo iussui humillime parendo eandem nunc cum debita reuerentia exhibeo.

Est autem eiusmodi. Serenissimam uestram Maiestatem Illustrissimus Princeps ante omnia quam humillissime et deuotissime salutat, eidem sua possibilia, perpetua et deuotissima seruitia et officia cum omni subiectione et humilitate offert. Porro uero S. C. nil exoptat magis, quam prosperrimam ualetudinem Maiestatis uestræ ac successum fœlicissimum in eiusdem quotidianis laudatissimis et Christianissimis expeditionibus et inceptis. Exoptat et præcatur Maiestati uestræ a Deo omnipotente uitam longissimam et Regnum ac gubernationem diuturnam, quietam et fœlicem, quo M. V. Reipublicæ Christianæ solita sua uirtute et dexteritate Regia diu præesse, malis obstaculo et terrori, bonisque omnibus refugio et auxilio esse possit. Porro non dubitat Sua Celsitudo, quin M. V. clementissime recordetur, quomodo Suæ Celsitudini, hic præsenti, benignitate et munificentia Regia clementissime et gratiosissime promiserit, sese Suam Celsitudinem in numerum Illustrissimorum Equitum nobilissimi ac laudatissimi Ordinis de La Jartiere benignissime ascituram et adoptaturam, Suamque Celsitudinem ea dignitate quam primum clementissime exornaturam. Quæ benignissima Regia promissio ut desideratum effectum sortiretur, iam ante per duas diuersas legationes Sua Celsitudo Maiestati uestræ humillissime supplicauerit, quibus itidem Maiestas uestra, facta etiam spe ulteriori, benignissime et clementissime responderit. Quin autem V. M. promissi sui clementissime memor futura sit quamvis Sua Celsitudo non dubitet, tamen cum ultra suam confidentissimam humilem spem et expectationem diutius hac semel promissa Regia gratia et beneficio se carere uideat (cuius moræ causæ Suæ Celsitudini sunt ignotæ) propinquum sit quoque tempus ordinarium, quo hanc illustrissimam dignitatem peti et conferri solitum est, ideo Sua Celsitudo nunc denuo ad uestram Maiestatem misit me, qni M. V. quam humillissime prædictam

clementissimam suam promissionem in memoriam reuocarem, ac quam subiectissime supplicarem, ut gratiosissime considerata stirpe generosa et Illustri, unde Sua Celsitudo progenita est, perpensa etiam benignissime semel facta spontanea promissione sua, Vestra Maiestas (cujus inter reliquas uirtutes innumeras maxime firmitatem promissorum praedicant omnes) nunc tandem Suam Celsitudinem humillissimi sui voti ac toties iteratae petitionis compotem faciat, hancque Regiam gratiam (quam Sua Celsitudo magis honoris ac dignitatis, quam alterius rei causa tam auide expetit) re ipsa conferat et largiatur. Quod Regium beneficium licet aliqua re seruitiisue Sua Celsitudo hactenus non commeruerit, pollicetur tamen et promittit, ubicunque sese occasio obtulerit, in primis erga Regiam Maiestatem uestram ita humillissime et deuotissime, deinde etiam erga uniuersum Illustrissimum Ordinem officiosissime ac decenter sese gesturam, ut M. V. clementissime et gratiosissime contenta sit futura.

Cui demum petitioni subiectissimae Illustrissimi Principis ac Domini mei ut uestra Maiestas clementissime annuere, Regiae suae benignissimae promissioni et Suae Celsitudinis firmissimae ac confidentissimae spei consentaneum gratiosissimum responsum dare dignetur, cum omni humilitate et subiectione a V. M. suppliciter peto atque ita peroro.

Nachdem auch Monsieur Staffort E. F. G. schreiben mit gebürenter reuereutz empfangen, hatt ehr angezeygt, ehr ehrkhenne sich zu geringh vnnd sey nit werth, das E. F. G. ihn mit ihren schreiben besuchen sollen: Er wölle aber nit vnderlassen, sein eüssersts zu uersuchen, wiewoll ehr wegen seiner kranckheyt nit gen hoff khomme, auch daselbsten wönigh vermöge. Mittler weyll damit ich ihn allem E. F. G. beuelch nachkheme, vnnd die sachen souiell ihmmer müglich zu einem erwünschten endt kemen: so hab ich eüssersten vleyß angewendt, ob ich etwan einnen des geringern standts (so bey der K. Mt. etwas vermöchte) vßgheen vnnd erfharen . könnte. Es ist mir aber einer fürkhommen, so ihr Mt. Joyelier, vnnd ein Teütscher von Lindaw, mit nammen Johan Spiellman. Welchen nit allein Ihr Mt. (alß deren diener ehr ist) woll dulden vnnd leiden magh, vnnd bey derselbigen in gnaden, sondern auch bey den fürnämbsten herren, insonderheyt aber bey dem grand Thresorier vnnd Monsieur Robert Cecill woll angesehen vnnd in grossem vertrawen. Hab also souiell zu wegen bracht, das ehr mich (ihm mittelst ich am fieber gelegen) ettlich mall besucht hatt. Alda ich gelegenheyt gehabt, allerhandt von ihme zuerforschen vnnd zuerfharen. Also das ich ihnne ein trewen vnnd rüdtlichen man zu sein befunden. Vnnd weyll dieser ein freyen zutritt zu dem Herren grand Thresorier, wie auch zu seinnem Shon Monsieur Robert Cecill, ihr M.t geheimmen Rhatt, haben wier ihn angericht, daselbsten den wegh zu machen, damit wier solche herren vff vnsere seitten desto eher bringen köntten. Welches ehr gethan, vnnd souiell anzeygungen gebracht seinner verrichtung, das wier vhrsach gehabt, ihme ye länger ye mher zu trauwen. Zeygte mit vmbständen an, wie sich der grand Thresorier alles gutten erbotten, vnnd darneben beſholen, ehr solle für sich selber, das man nit merkhe wer ihn angericht, bey mir erforschen, wie E. F. G. mit dem Hauß Österreich stheen, auch vleyß anwenden, ob ehr E. F. G. Genealogiam von mir bekhommen köntte. Weyll ich dan darfür gäntzlich gehaltten, das solches alles zu befürderung der sachen, vnnd gar nit zu hienderungh vnnd nachtheill derselbigen gereichen möchte: hab ich solche Genealogiam vfs best als mir müglich vnnd wüssent gewesen, veruhast vnnd gemelttem Spiellman übergeben. Daran hatt nit allein mhergemeltter grand Thresorier ein gutt vernügen gehabt, sondern es hatt solche Genealogia vnnd bericht ihr Mt. selbsten (vnder deren händt sie khommen) gantz woll gefallen, in massen ich nachmalen wharhafftig berichtet worden. Dieselbige aber whar neben dem bericht volgenter massen gestellt. Da aber den sachen in eim oder dem andern zuuiell oder zu wöuigh gethan, ist mein vnderthünig bith, E. F. G. wöllen solches dem orth vnnd der zeytt zugeben, vnnd mich derentwegen gnädig für entschuldigt haben.

GENEALOGIA DUCUM WIRTEMBERGENSIUM.

Wirtembergensium Comitum familiam ex Italia sub Conrado secundo in Germaniam uenisse aliqui putant, alii origine Francos fuisse uolunt. Ab initio mediocres fuere, sed post, cum partim bello, partim successione et emptionibus acquisiuissent Ducatus Teckensem, Vrslingensem et Schiltachensem, Comitatus etiam Montis Beligardi, Kaluuensem, Tübingensem, Vracensem, Zabergoiensem, Kreichgoiensem, Helffensteinensis partem maiorem, Achelensem, Nifensem, Herrnbergensem, Grüningensem, Veringensem, Aspergensem, multas etiam ciuitates liberas, in eam potentiam excreuere, ut Anno Christi 1286 Eberhardus Comes Wirtembergicus Rudolpho, post etiam Anno 1309

Heinrico VII., Imperatoribus Romanis, bellum acre mouerit. Cuius posteri una linea omnes illas ditiones obtinuere indiuisim usque ad Eberhardum Seniorem, qui obiit in Monte Beligardi, circa annum 1400, a quo posteà omnes huius familiae Principes et Comites originem duxerunt, usque ad praesentem Principem Fridericum.

Horum omnium GENEALOGIA haec est, quae sequitur:

EBERHARDUS, Senior, Comes Wirtembergicus progenuit:

- Ludouicum qui ex Mathilde sorore Ludouici Principis Palatini sustulit:
  - EBERHARDUM Barbatum, I. DVCEM Wirtembergensem et Teckensem cum solenni pompa creatum Ao. 1495 in conuentu Imperii Wormaciae habito a Maximiliano I. Imperatore. Vxorem habuit filiam Mantuani Principis, sed decessit sine haeredibus. Ante hunc Wirtembergenses Comites fuere, post Duces.
  - LVDOVICUM, qui puer obiit.
  - MECHTILDEM, quae nupsit Ludouico Landgrauio Hassiae, auo Philippi Landgrauii, qui in bello Protestantium a Carolo Quinto Imperatore captiuus fuit detentus.

- Vlricum, Comitem Wirtembergensem, cuius ex uxore sua Margareta, Sabaudiae Principis filia, fuere filii:
  - EBERHARDUS, II. DVX WIRTEMBERGENSIS. Successit patrueli suo Eberhardo Barbato: et hic sine prole decessit.
  - HENRICUS, qui reliquit filios duos:
    - ULRICUM, III. DUCEM, qui successit patruo suo Eberhardo secundo. Et hic est, qui primus a domo Austriaca Ducatum Wirtembergensem in Feudum recognouit, de qua re infra dicetur. Uxor Sabina, Principissa Bauariae. Filius et haeres unicus [1]:
    - GEORGIUM COMITEM Montis Beligardi, qui cum coelebs uiuere constituisset, tandem, licet iam senex, suasu Patruelis sui Ducis Christophori Agnetam, Landgrauii Hassiae filiam, uxorem duxit, ex qua progenuit [2].

- Sophiam, Lotharingiae Duci matrimonio iunctam.

1 Christophorus, IV. Dux, vgl. die nächste Seite. 2 Ulricum, et Fridericum Ducem VI. Wirtembergensem, vgl. die nächste Seite.

CHRISTOPHORVS, IIII. Dux Wirtembergicus, cuius coniunx Anna Maria, Marchionis Brandenburgensis filia. Ex qua eius liberi fuere:

EBERHARDUS
MAXIMILIANUS
} ambo coelibes in iuuentute mortem obiere.

LUDOVICUS, V. DVX WIRTEMBERGICUS, ultimo defunctus. Duxit uxorem primam Dorotheam Vrsulam, sororem Marchionis Ernesti Friderici Badensis, illius qui hodie integrum Marchionatum Badensem tenet et in bello Argentinensi nouissimo Protestantium partes iuuit. Secundam duxit Vrsulam, Georgii Joannis Comitis Palatini filiam, adhuc superstitem, eique Nortinga oppidum Ducatus Wirtembergici ad uitam concessum. Decessit autem hic Princeps ante biennium nullis liberis relictis; successore dum uiueret ordinato Illustrissimo Principe et Domino nostro, qui nunc est.

FILIAS Heduuigam, Elisabetham, Sabinam, Leonoram et Aemiliam, quæ Saxoniæ, Palatinis, Anhaltinis, Hassiæ et aliis Principibus nuptæ.

ULRICUM, qui in cunis moritur.

FRIDERICUM, DUCEM VI. Wirtembergensem et Teckensem, Comitem Montis Beligardi, Principem et Dominum nostrum Clementissimum, qui ex Sibilla, Illustrissimorum Principum Anhaltinorum sorore, progenuit hactenus sex filios et tres filias, qui sunt:

JOANNES FRIDERICUS, nunc 14 annorum, studet Tubingæ.
CASIMIRUS [1]) FRIDERICUS, obiit puer 8 annorum circiter.
LUDOVICUS FRIDERICUS, 10 annorum, studet Argentorati.
JULIUS FRIDERICUS, 7 annorum.
ACHILLES FRIDERICUS, 5 annorum.
MAGNUS FRIDERICUS, post Comitias Ratisponenses genitus est.
URSULA, et aliæ duæ filiæ.

Igitur Illustrissimi Principis et Domini nostri Clementissimi pater, et defuncti Principis Ludouici auus fratres fuere, estque Sua Celsitudo defuncti Principis unicus et proximus Agnatus.

Jus autem, quod Domus Austriaca ad Ducatum Wirtembergicum prætendit, omne hoc est. Cum supradictus Vlricus, Dux Wirtembergicus III., patruus moderni nostri Illustrissimi Principis, ciuitatem Imperii Reutlingam ac alias quasdam inuasisset ac cepisset, eam ob causam ab Imperatore Carolo V. proscriptus, a Liga Sueuica bello obrutus, et regione pulsus fuit: idque eo facilius, quod aliquanto acerbiori dominatione nobiles et ciuitates subditas a se alienauerat. Imperator uero fraterque ejus Ferdinandus dictum Ducatum sibi usurpauere, donec tandem Ao. 1534 præfatus Dux

---

1 Statt Casimirus änderte H. Friderich eigenhändig: „Jerg."

Vlricus ope Philippi Landgrauii Hassiæ (moderni Hassiae principis Mauricii aui) dictum Ducatum recepit. Quo facto inter Regem Romanum Ferdinandum ac dictum Ducem Vlricum, mediatoribus dicto Philippo Landgrauio Hassiæ et Georgio Duce Saxoniæ, ita conuenit, ut successores dicti Ducis Vlrici in posterum eum Ducatum a Ferdinando ejusque posteris in feudum recognoscerent. Quodsi omnis familia Wirtembergensis extingueretur, tunc is Ducatus Ferdinando Regi eiusue posteris masculis cederet, qui eundem ab Imperio in feudum recognoscerent. Quousque autem ex uniuersa Ducum Comitumue Wirtembergensium familia et prosapia superesset quisquam, Domus Austriaca ad eundem Ducatum nullum omnio haberet accessum. Hæc omnia iuramentis, transactionibus et instrumentis ita firmiter promissa et confirmata fuere.

Ac secundum eam transactionem Illustrissimus Princeps et Dominus noster primum, uti proximus defuncti Principis agnatus, ad eum Ducatum uocatus est ab intestato. Ultra hoc defunctus etiam Dux, ne aliquod remaneret dubium uel controuersia, utque pax huic Ducatui firmissima maneret, ante mortem suam testamento solenni Illustrissimum nostrum Principem sibi successorem in Ducatu et hæredem constituit, et id quidem primum uoluntate Imperatoris, qui dictæ constitutioni consensit, et testamentum ad instantiam dicti Principis Ludouici eo uiuente confirmauit, post etiam non dissentiente Ferdinando Archiduce Austriæ, qui Oeniponti ante paucos menses decessit. Ad hunc enim ejusque filios masculos pater eius Rex Ferdinandus omne ius, quod in Ducatu Wirtembergico Domus Austriaca prætendebat, transmiserat.

Cum etiam hic Ferdinandus sine prole feudorum capace decesserit ac Imperatorem hæredem reliquerit, ipso Imperatore hoc uolente non a Domo Austriaca, uti ex supradicta conuentione, sed ab Imperio in posterum hunc Ducatum in feudum recognitum iri credimus. In hunc modum Illustrissimus Princeps et Dominus noster statim post obitum Principis Ludouici ab omnibus Ciuitatibus subditis, Comitibus, Baronibus ac uniuersa nobilitate, Dux acceptus et inauguratus est, eiusve Celsitudini cum summa lætitia ab omnibus more solito iuramentum fidelitatis præstitum. Sicque in proximis Comitiis Ratisbonensibus Imperator Illustrissimum Principem et Dominum nostrum ut Ducem Wirtenbergensem gratiosissime et amicissime recepit uenientem, præsentem recognouit, et abeuntem cum summa beneuolentia dimisit. Eiusque Celsitudo pro tali in omnibus sessionibus ab Imperatoria Maiestate omnibusque Imperii statibus habita est ac habebitur. Neque donec Suæ Celsitudinis aliqui posteri superfuerint, Imperator, Domus Austriaca, aliusve quispiam quicquam iuris in hoc Ducatu eique adhærentibus unquam prætendet.

Alß sich aber die zeyt genheert, vnnd mir allerley dubia fürkhommen, vnnd mouirt worden, hab ich das eüsserst versucht, vund ihm fhaall etwas erhaltten werden möchte, erstlich dem Monsieur de la Fontaine vierhundert Kronnen versprochen, wie nit wöniger obgemelttem Spiellman treyhundert Kronnen, vnnd des Herren Grauen von Essex Secretario ein ehrliche schenckhung (dieser aber were mit hundert Kronnen abzuferttigen). Der anerbiettung haben sie sich gleichwoll alle gewegert, doch wie ich darfür haltt, mber eheren halber, dan das sies nit annemen soltten, vß der vbrsach, weyll ich augenscheinlich gespürt, das sie ihnnen hieruff die sachen desto mher angelegen sein lassen, mit allem vleyß stettigs solicitirt vnnd angehaltten bey allen herren, so zu hoff bey diesem werkh etwas vermöcht haben. Sonderlich aber Spiellman bey dem Herren grand Thresorier vnnd seinnem Shon, der Secretarius bei seinnem Herren, dem Grauen von Essex, vnnd Monsieur de la Fontaine auch bey dem Grauen von·Essex, vnder anderen aber auch durch mylord Cobhans Shon beim grand Thresorier, also, das an allen orthen nichts vnderlassen. Weyll ich aber auch vernommen, das man des grand Thresoriers Shon mit einem present nit übel kommen sollte, hab ich durch den herren Spiellman, wie auch durch Monsieur de la Fontaine (welcher solches durch mylord Cobhans Shon zu wegh gericht) alß wen solches nit von mir, sondern ihnnen selber kheme, zuuerstheen geben, wan E. F. G. etwas erhaltten soltten, würde es an einnem stattlichen present nit ermangeln. Wie nun die zeytt herzu getrungen, vnud ich mich noch selber nit hienuß geben dürffen, hab ich doch keins wegs vnderlassen, mit embssigem stettigem schreiben sonderlich bey dem herren Grauen von Essex anzuhaltten vnnd zu solicitiren, hab auch zu vnderschiedtlichen malen Büwinckhausen zu ihme geschöckth, wie ehr sich dann yederzeyt vffs freündtlichst erbotten vnnd sein hülff versprochen. Welche schreiben alle, weyll sie vhast mit dem vorigen übereingestiembt, vnnd eiusdem argumenti gewesen, hab ich alhie alle einzuführen kürtze halben vnderlassen.

Wie nun dieses etlich tagh gewheret, vnnd ich in gutter hoffnung gestanden, auch vernommen, das alle herren, wie nit wöniger der grand Thresorier zimlich gewonnen vnnd vff meiner seitten, so kompt mir glaubwürdigh für, das meine sach mit niergent anderem mher verhindert werden möchte, alß das dem Könnigh vß Franckreich vnnd dem Könnigh vß Schotten (ohnangesehen sie vor längst von dem Orden eligirt) die Jartiere, oder die Insignia Ordinis, noch nit überschickth worden. Dannenhero vhast ohnmüglich sein werde, E. F. G. oder yemandt anderen für dißmall zu elegiren [1]. Solches hatt nit allein der Fontaine vnnd Spiellman angezeygt, das es vnder den Ordens verwantten geredt werde, sondern hatts auch der Graue von Essex selber vnnd Monsieur Staffort zuuerstheen geben. Derhalben ich vor notwendigh geachtet, ehe die zeytt vnnd tagh S. Görgen herzu ruckh, solch dubium zu remouiren, also bedes an den herren Grauen von Essex vnnd den herren grand Thresorier vff volgente manier sambßtagh vor Ostern geschrieben:

Illustris Comes, Domine gratiose. Licet nequaquam dubitem, Excellentiam uestram Illustrissimi Principis Domini mei clementissimi causam sibi præ omnibus quam maxime commendatam habere, nihilominus tamen cum neque ipse ob ualetudinem eandem accedere queam, neque cum qui mihi adjunctus est mittere, ne uestra Excellentia a nobis plus iusto impediatur, appropinquaret autem tempus, quo hanc causam peragi necesse erit, intermittere nolui, quin hisce meis eandem nunc denuo quam diligentissime rogarem, ita Illustrissimi Principis causam sibi cordi esse pateretur, quo Sua Celsitudo cognoscat, se ab Excellentia uestra serio adiutam fuisse, illiusque ope tandem tantopere desideratam gratiam adeptam esse. Cum enim iam plus quam triennium sit elapsum, quod a Regia Maiestate hic illustrissimus Ordo ipsius Celsitudini est promissus, Sua Celsitudo etiam tanta cum diligentia et sumptibus iam tertio missa legatione Suæ Maiestati pro Regiæ suæ promissionis complemento tam sedulo supplicauerit, Sua Celsitudo a Regia Maiestate ulteriorem dilationem quam subiectissime depræcatur, vel ob eas causas, quæ V. E. coram recensitæ sunt. Quæ cum ita sint, ut E. V. apud Serenissimam Maiestatem Regiam prædicta commemorare quam humillime nomine Illustrissimi Principis uelit, eam obnixissime rogo. Id si fiat, nullo modo dubito, quin prædictis attentis Sua Regia

---

1 Von dem H. Friderich eigenhändig am Rande bemerkt: „Ist das alt Lied."

Maiestas tandem promissionem suam effectum iam dudum desideratum sequi faciat.

Quod si forte alii sint Principes iam ad eum Ordinem electi, quibus insignia illustrissimi ordinis nondum sint missa, eaque causa sit, quare hactenus Sua Celsitudo spe sua sit frustrata, speramus e contrario Suæ Celsitudinis Regiam promissionem uice electionis fore, et Suam Maiestatem tot humiles Illustrissimi Principis supplicationes gratiosissime respecturam. Et si non aliud, id saltem Illustrissimus Princeps nunc obtineat, ut ad hunc illustrissimum ordinem eligatur, et in numerum nobilissimorum Equitum recipiatur: quo Sua Celsitudo saltem uideat, non se incassum a Regia Maiestate promissionem accepisse, neque frustra tam ardenter et serio pro ea institisse. Quibus plura non addo, solum E. V. mea seruicia humiliter offerens eidem me causamque Illustrissimi Principis plane commendo.

Weyll aber solches schreiben nit beantworttet, ich mich auch wegen vßgestandener kranckheyt etwas ingehaltten, hab ich baldt hieruff abermalen den Büwinckhausen zu dem herren Grauen geschückth vnnd ihme gleiches inhalts mündtlich fürhaltten lassen.

Monsieur de Sydenay ist auch vmb diese zeytt wiedervmb von seinnen landtgüttern gen Londen khommen, welcher sich dan vff gebürlich begrüssen vnnd ansprechen gantz gutthertzigh vnnd freündtlich erzeygt, auch erbotten, nach eüsserstem seinem vermögen diß werckh bey dem Grauen von Essex zu solicitiren. Inmassen ehr dan noch denselbigen abent gegen dem Grauen von Essex vnnd anderen Herren mehr gethan, wie mir nachmalen durch den Fontaine anzeygt worden. Der mylord Cobhan, sobaldt ehr ankhommen, hab ich mich bey ihme anzeygen lassen; hatt aber begert, ich wollte nit zu ihme khommen, vß sonderen ihme bewusten vhrsachen, wölle aber ein wegh alß den anderen nit vnderlassen, sich dieser sachen mit allem vleyß vnnd ernst wegen E. F. G. zu vnderfangen.

Von dem Herren Spiellman wurde ich zeyttlich auertirt, wie das ehr von dem Mylord le grand Thresorier vnnd Mylord Rubert Cecill seinnem Shon beyleuffig verstanden, das ich vff das Fest S. Görgen von der Königlichen Mt. wurde beruffen vnnd solenniter geladen werden. Weyll ich aber noch der zeytt meiner sachen vngewüß, noch vff mein werbung eintzige gewüsse vertröstung empfangen: so hab ich gleichwoll bedenckhen gehabt, ob ich bey solchem offentlichem Fest erscheinnen, oder aber mich wegen leibs ohngelegenheyt oder anderem bestem glimpff entschuldigen wollte. Dan ihm fhaal ich erschien, vnnd nachmalen mein begeren bey der K. Mt. dannoch nit erhültte, besorgte ich, das durch solch mein erscheinnen bey solchem offentlichem Fest mäniglichen vhrsach gegeben, meiner verrichtung nachzufragen, vnnd das dieselbige hiedurch desto mher lautbar vnnd bekhant werden möchte. Ihm fhaal ich mich aber endtschuldigte, besorgte ich abermalen ihr K. Mt. zu offendieren, oder wie man sagt, für den kopff zu stossen. Ehe ich aber hieriennen etwas endtlich schlüssen wöllen, hab ich zuuor volgenter gestaltt an Herren Grauen von Essex geschrieben, vnnd mich bey ihme rhats erholen wöllen:

Illustris Comes, Domine gratiose, indicatum mihi est per fide dignos, Regiam Maiestatem, Dominam nostram clementissimam, gratiosissime iussisse, ut hisce diebus ad uidendam magnificentiam et splendorem conuentus Illustrissimi ordinis uocarer: pro qua tam clementissima Suæ Maiestatis ordinatione quam humillissimas ago nomine Illustrissimi mei Principis et Domini gratias. Quia autem ego ualde dubito et metuo, si forte Suæ Celsitudinis hæc tertia humillissima supplicatio pro complemento Regiæ benignissimæ promissionis nunc etiam frustranea esse deberet, neque in numerum Illustrissimorum Equitum eadem nunc eligeretur: (quod tamen Sua Celsitudo apud Regiam Maiestatem humillissime deprecatur et minime se meritam sperat) hoc, non exspectato, casu eueniente per meam præsentiam hæc res magis apud omnes innotescat, ac inde Illustrissimo Principi meo maior contemptus et despectus oriatur, ideo Excellentiam uestram quam diligentissime et humiliter rogo, eidem placeat, per Secretarium suum scriptoue mihi hac in re consilium suum gratiosissime impartire, et quid mihi faciendum hic sit beneuole significare. Id quod Excellentiam uestram Illustrissimi mei Principis et clementissimi Domini causa facturam firmiter confido. Cuius Celsitudo hæc et omnia E. V. ergo eandem beneficia omni re recompensare non intermittet. Eidem me quam humiliter commendans hanc summe necessariam interpellationem apud eundem deprecans.

Dan ich hültte gäntzlich darfür, weyll dem herren Grauen von Essex der vßschlagh meiner sachen albereit bewusst sein möchte, so würde ich vß seinner antwortt vff ein oder den anderen wegh viell abzunemmen vnnd zu coniecturiren haben. Aber das schreiben wurde mit stillschweigen vmbgangen, allein das ich von wolgedachts Herrn Grauen Secretario Signor Wotton mündtlich verstunde, es hette kein sonder bedenckhen, sollte mich also unfheelbar vff der K. Mt. begeren einstellen. Weyll ich aber hieran nit vernügt, so hab ich noch zum überfluß (nach dem mir albereit, ein tagh vor Georgij wurde von hoff angezeygt, das ich den volgenten tagh solenniter durch ein myLord mit gutschen abgeholet werden soltte) an den herren Ministre de la Fontaine gleiches inhalts auch geschrieben. Der beantworttet mich wie volgt:

Monsieur vous aues faict bien et prudemment, d'accepter l'honneur que vous presente sa Maieste notamment apres l'aduertissement, que vous aues donne a l'un de ses principaux conseillers sans auoir eu responce. Vous euiteres d'offencer sa Maieste et aurois demain, quand vous soliciteres vostre affaire, vn argument nouueau pour presser dauantage. Joinctque ie fus hier a quatre heures auec Monsieur de Sydenay, auec le quel ie traictay amplement de vostre affaire, et que ie laissay bien affectionne en vostre affaire et resolu au soupper de parler et persuader de son pouvoir Monsieur le Conte d'Essex. — Monsieur le Conte de Solms a eu son audience, vous poues presumer, quil sera la appelle. Ce que ie vous touche, pour penser d'heure a la seance selon la dignite de son Altezza.

Vff den tagh S. Görgen, welcher war der 23. Aprilis vmb neün vhren vor mittagh, wurde ein fürnemmer Englischer vom adell Monsieur de Niuell genannt, (welcher iharlich 1800 ℔ vermögen soll) von der K. Mt. zu mir in das losament mit zweyen gutschen vnnd sher vielen dienern geschückth, der mich ihn Frantzösischer sprach angesprochen vnnd zu solchem Ritterlichem actu in nammen vnnd von wegen der K. Mt. geladen. Den beantworttet ich, ob woll whar, das ich ein zeyttlangh nit zum besten vff, sondern das trittäglich fieber gehabt, so woltte ich mich doch fortzieren, damit ich nach ihr K. Mt. aller gnädigstem begheren gebürlich compariren möchte, thette mich auch derselbigen angebottenen ehren vnderthänigst gegen ihr Mt. bedanckhen.

Weyll ich nun hieuor verstanden, das der Graff von Solms, Landtgraue Moritzen Gesantter, sich auch bey solchem Fest fienden würde, vnnd vnder zwölff Personnen nit bey ihme haben sollte: so hab ich mir auch zu vnderhalttung E. F. G. reputation ein grösseren anhangh gemacht, vnnd noch trey Personnen in mein compaignie genommen, alß nämblich obgemeltten Hormoltt von Bittigheimb, Rüttell von Stuttgardh, vnnd einen Pfältzieschen, Krebs genannt, nit weitt von Meckhmhüll wonhafft, also das ich selbtsiebent gewesen. Mit gedachten gutschen oder Englischen wägen sein wier biß an das wasser die Thamasim gefharen. Dahien war der Königin schüfflin eins mit 8 remi geordnet, ihn welchen zu öberst ein pfallen oder küssin von proccotol oder guldenem stückh gelegt, daruff ich von gedachtem Monsieur de Niuell allein zu sitzen gefürtt; die überigen sassen abgesöndert zu beden seitten. Es war auch dieser theill des schüfflins mit zweyen thierlin neben einnander gespert, oben mit rottem attlas bedeckth, ihnwendigh aber mit wappen vnnd anderem mhallwerkh geziert, vf den benckhen vnnd boden mit lieblichen wollriechenten blumen bestreiet. Alß wier nun ghen hoff khammen, wurden wier durch mbergedachten Monsieur de Niuell, (welcher vnnß dan bey gantzem volgentem actu vffgewarttet vnnd nit entwichen) hienuff en la chambre de presence gefürtt, dariennen sich die Ritter de la chartiere versamlen, vnnd ihn compaignie der K. Mt. vßgheen solltcn. Die Ritter aber versamletten sich nach vnnd nach, biß derselbigen in die treyzehen zusammen khamen. Deren nammen sein, wie sie nachmalen in der Ordtnung gangen vnnd auch zur taffel gesetzt worden:

1. Mylord Cobhan.
2. Mylord Honsdong, le grand Chambellan.
3. Baron de Burgley, le grand Thresorier d'Angleterre.
4. Baron d'Effinghan, l'Admiral.
5. Conte d'Essex.
6. Hauß Thresorier, des Grauen von Essex auus.
7. Conte de Nordhomberland.
8. Baron de Burros.
9. Baron Chefel.
10. Conte de Wurstel.
11. Conte de Chomberland.
12. Baron de Schrosbry.
13. Mylord de Bouckhorst.

Die Ritter, so nit zugegen gewesen, wharen K. Mt. ihn Hispanien, Conde d'Ormonde ein Ihrländer, Conte de Hontingthon, Conte de Penebrock, bede Englische, welche sich doch wegen erheblichen

vhrsachen bey der K. Mt. ihres vßbleibens entschuldiget, auch
theils ihre Shön oder yemandt anderes von ihret wegen abgeordtnet
haben.

Es versamletten sich auch allhie sonsten viell Grauen, Herren,
vnnd vom adell. Bei denen allen güldin vnnd silberin stückh gantz
gemein wharen, zu dem das die kleidungh von edelgestein vnnd
beerlin gestückth. Dan grösseren bracht vnnd stattlichere kleidung
ich ihn gemein bey keiner hoffhalttungh yemals gesehen, so woll
was Manß Personnen alß das Gräffliche vnnd adeliche Frawenzim-
mer belangt, welches vßbündigh vnnd über die massen schön vnnd
gemeintlich ihn Italienischem habitu giengh mit entblösten brüsten,
trugen ihn händen grosse schwartze federbüsch oder auch andere
uentilini, ihnnen damit frieschen lufft zu machen. Die Ritter aber
de la Jartiere giengen ihn folgentem habitu: Erstlich wharen ihre
gewhonliche kleidungh von hosen wammes zum mhereren theill weyß,
von silber stückh vnnd anderen gezeygen, darüber ein rotten sam-
metten rockh, so ihnnen biß vff die waden hienab giengh, welcher
mit einem breitten vergultten gürttell gegurtt, daran vornen quasten
von goldt vnnd seyden hienab hiengen. Über diesen Leibrockh
hatten sie ahn noch ein sher langen überschlagenten talar von
feyelbraunem sammett, welcher ihnnen vff der erden etwas nach-
giengh. Bede röckh aber wharen ihnwendigh mit weyssen daffet
oder seyden attlas gefüttert. Über den feyelbraunen talar hatten
sie oben von gleicher materi vnnd farb vff den schulttern ein son-
dern überschlagh vff alttfränckisch manier, dariennen vff der seitten
ein rondt loch ihnwendigh weyß gefüttert, darvmb Buchstaben be-
stückth: Hony soit qui mal y pense. Diese überschlägh sein gleich
den ihennigen, so die Gentilhuomini Venetiani, oder zu Senis i
Signori del Conseillio oder aber i Rettori di Padoua zu tragen
pflegen, Liripipium genannt. Über solchen sher langen feyelbraunen
talar tragen sie ein zimlich breitt güldin, geschmeltzt vnnd mit edel-
gesteinnen versetzt halßbandt, welches ihnnen vff den schulttern
hervmb liegt, mit grossen ringen, gleich wie das güldin flüß. Daran
henckth vnden die Bildtnüß S. Görgen, ziemlich groß, vnnd darvmb
auch diese wortt geschmeltzt: Hony soit qui mal y pense. Vff dem
haupt tragen sie schwartze sammette kleine Paret oder Spanniger,
vnnd vff denselbigen ein weyssen federbusch. An dem linckhen
schenckell aber hatten sie La Jartiere oder den hosenbandt, gleich

einem gürttell, darein auch die mheergemeltt wortt von beerlin vnnd edelgesteinen gestöckth waren, vnnd trugh ein yedtlicher sein vergultt seitten wheer oder rappier In den händen trugen etliche weysse stäblin. Es wharen auch zugegen noch andere trey, die vhast gleiche lange kleidung trugen, allein waren solche von rottem attlas; die zwen trugen schwartze stäb oder Cepter, welche dan des Ordens Cantzler vnnd Secretarius waren; der tritt trugh ein groß buch in rott sammett gebunden, mit silber beschlagen vnnd vergultt, dariennen die Leges des Ordens beschriebne. Alß es nun an dem, das man in der procession sollte in die Capellen gheen, da giengh zuuor derihenige mit dem buch, vf den die zwen mit den schwartzen Ceptern, alß dan die Ritter, ye zwen vnnd zwen miteinander. Nach den Rittern giengen zwen MyLord in langen schwartzen talar, deren yedtlicher ein gulden Cepter trugh, vf diese ein anderer, so ein schwerdt mit rotter sammetter scheiden mit vergulttem beschlägh ihr Mt. vortrugh. Alßdan kham ihr K. Mt. auß der chambre priuee, ihn weyssem silberem stöckh bekleidet, vmb vnnd vmb ye mit zweyen obeliscis übereinander geschrenckth, (vf deren yedtlichem oben an statt eines knöpflins ein schön groß Orientalisch beerlin) gestöckth, auch anderem ohnsäglichem cöstlichem Könniglichem geschmuckh vnnd Cleinotten gezirt. Vff dem haupt trugh sie ein aber cöstliche beerlinnen Könnigliche Kron. Zu beden seitten wharen Herren vnnd Grauen, so ihr Mt. beleittett. Der schweyff wurde ihr von einner Junckfrawen nachgetragen. Es begrüst auch ihm herauß-gheen ihr Mt. den gantzen vmbstandt. Derselbigen volgte alß dan das gantze Gräueliche vnnd adentliche FrawenZimmer in grosser annzhaall, so zuuor wie gemeltt en la chambre de presence vffgewarttet. Vmb die K. Mt. aber wharen viell ihrer pensionieri, so vom adell sein, mit ihren vergultten spießlin oder schefflin, gleich den hetschieren bey Kayserlicher Mt. Von der Chammer de presence khame man in die Capell: alda waren die Geystliche alle gleich ihm Papsthumb ihn meßgewantten vnnd Leniten röckhen von güldenem stöckh bekleidet, die hieltten ihr ampt, welches in gegenwerttigkeytt der K. Mt. vnnd der Ritter ein gutte weyll gewheret hatt. In der Capellen war ein groß geträngh von viele des gemeinen volckhs, so sich zuschlugh. Nach verrichtem ampt vnnd gebett giengen die Ritter vorspecificirter massen ihn den hoff des schloß, denselben volgette die K. Mt. vnder einnem hiemmell von

guldenem stückh mit rotem boden, welcher von ihren vieren an
stangen getragen; den schweyff aber trugh ihr Mt. ihm hoff ein
stattlicher herr nach. Alßdan volgette das FrawenZimmer, vnnd
gieng man in solcher procession treymall vmb den hoff, damit
mäniglichen solchen actum woll sehen mögen. Die K. Mt. sprach
yederman, auch dem gemeinen penel vfs gnädigst zhu, welcher
sich vor ihr vff die knie begab.

Alß solche procession ein endt, gieng ihr Mt. wieder en la
chambre priuee, vnnd die Ritter en la chambre de presence. Alda
sie vff das allerstattlichste vnnd herrlichste von allen speysen, so
zu erdenckhen vnnd in dieser zeytt ihm ihar hie vnnd ihenseit des
mheeres zu bekhommen, an welchem allem kein cost gespart württ.
Es waren aber hierinnen trey sher lange vnderschiedtliche taffeln
gedeckth vnnd zugericht. Die öberste ihm saall, so vnder einem
herrlichen hiemmell von guldenem stück, war dieihenige, da sonsten
auch für die K. Mt. ihn ihrem abwesen anderst nit alß wen sie
gegenwerttigh vfgetragen, fürgeschnitten, vffgewartt vnnd gedienet
württ, ob woll mit einige person daran sitzt, oder daselbsten der
tractation genetist. An dieser taffell saß' dießmall eintzigh vnnd
allein myLord Cobhan, alß der ihn diesem actu die Person der
K. Mt. representiren muste. Demselbigen wurde auch anderer ge-
staltt nit gedient vnnd vfgewarttet, alß wen ihr Mt. selbst gegen-
werttigh. Der Könningin guardi (so yederzeytt in rotte röckhlin
mit schwartzem sammett etlich mall belegt gekleidet, hienden vf
dem rückhen vnnd vornen vff der brust mit messingen rosen vnnd
ihr Mt. nammen) die trugen die essen in vergultten silbern vff,
vnnd begaben sich yederzeytt vor der taffell vff das knie, biß das
die ihenigen, so vffwarttetten, die silber von ihnnen empfiengen.
Dieihenigen grauen, so vor vnnd nach der mallzeytt das wasser
gegeben, die begaben sich ebenmässigh gantz vff die knie. — An
der nechsten langen taffell sassen der Ritter acht, doch nit gegen-
einnander herüber, sondern alle gegen der wandt vff einner seitten,
ye zwen vnnd zwen zimlich nhae bey einnander, es wurde aber ge-
raummer platz gelassen zwischen vieren vnnd vieren. An dieser
taffell saß zu öberst myLord Honsdong, le grand Chambellan, alß-
dan Baron de Burgley, le grand Thresorier d'Angleterre, vnnd also
vortahn, wie dan aller Ritter nammen hioben der ordtnung nach
specificirt. An der vndersten taffell sassen die übrigen vier Ritter.

Die Ritter aber khamen zur taffell erst vmb ein vhr, vnnd standen wiedervmb vff zwieschen vier vnnd fünffen, nach dem zwen Englische ministre in mitten des saals ihr gebürent dieſe reuerentz vnnd volgents ein kurtz gebett gesprochen, welches dan vor essens auch geschehen. Es präsentirten sich auch alle Ritter zuuor mit gebürenter ehrentbiettungh vor dem myLord Cobhan, ehe dan sie vß dem saall giengen. Die vom adell, so vff die Ritter gewarttet, die musten alle blawe Leibröckhlin von duch tragen, vnnd vff den ermeln ihrer herren wappen, über solche röckhlin güldene ketten schlimbs durch den arm, sonst warens theils in silbern vnnd gulden stückh oder vfs wönigst sammet vnnd seyden bekleidet. Es sein auch viell vß der Burgerschafft, so in gleichen blawen röckhlin ettlich mall des ihars zu hoff vffwartten müssen, dagegen sein sie aller beschwerdten, schatzung, steüer, vnnd anderer dienstbarkeytt befreyet. Diese kleiden sich auch nit wönniger in sammet vnnd seyden, ob sie woll handtwerckhsleüth, schuster vnnd schneider sein.

Zu diesem Fest ist auch Landtgraue Moritzen zu Hessen abgesantter, nämblich Graue Philipp von Solms, (so wegen der Jartiere, wie die reden gangen, abgefertigt soll gewesen sein) von der K. Mt. beruffen worden. Weyll ich nun gäntzlich darfür gehaltten, wie noch, das die Session vnnd Præminentz Württembergh vor Hessen gehörigh, vß denen vhrsachen: das ein Hertzogh mher alß ein Fürst, item das der Landgraue von Leichtenbergh, so mit Hessen ihn gleichem standt, weyt vnder anderen Fürsten, item das die Landtgrauen niederriger alß Marggrauen, aber ein Hertzogh von Württembergh (meins wüssens) auch den Marggrauen vorgezogen, insonderheyt aber, weyll ich darfür gehaltten, das in zweyffellhafftigen fheelen, was die reputation vnnd eher der Fürsten belangt, besser vnnd veranttwortlicher sey, den sachen zu uiell alß zu wönigh zu thun: so hab ich mich ihm stheen vnnd gheen yederczycyt vff die rechte haudt gehaltten, souiell mir dasselbige ihmmer möglich gewesen, es habe dan in dem geträngh anderst nit sein können, vnnd das der Graue etlich mall zu seinnem vortheill die wandt oder mauren eingenommen. Es whar aber nit ohn, das wier Württembergische nit souiell von den Englieschen respectirt noch herfür gezogen worden, alß gemeltter Landtgräuischer Gesantte. Wie ich erachten kan, vß denen vhrsachen: Weyll vor dieser zeytt die Landtgräuischen mher alß die Württembergieschen ihn Engellaudt zu thun gehabt vnnd also ihnnen bekantter worden, sonderlich auch wegen der kriegh zu Caroli Quinti zeytten, also das die Engelländer in dem falschen whon, der Landtgraue von Hessen sey ein viell grösserer vnnd mächtiger Herr, alß der Hertzogh von Württembergh, derhalben ihme auch standts vnnd eheren halber weitt vorzuziehen. Weyll nun zu dem allem auch der Gesantte Herrenstandts vnnd ein Graue, so haltten die Engelländter desto wönniger zweiffel, ihme gehörte in allwegh vor mir die eher vnnd präminentz. War also niemandt alß Monsieur le Conte, so überall vornen dran sein soltte. Alß es aber dahien kham, das wier bede Gesantten von denihenigen Herren vnnd vom adell, so vnß von der K. Mt. zugegeben, zu hoff in des Herrn Grauen von Essex losament, (alß an welchem orth wier die mallzeytt einnemmen sollten,) gefürt wurden: da bedunckhet mich die rechte zeytt zu sein, E. F. G. eher vnnd reputation an diesem Englieschen Könniglichen Hoff am wönigsten schwächen zu lassen, noch eintzigen bösen eingangh zu machen, (in ansehen, was einmall verschütt in solchen fheelen, nit baldt wieder vffzuheben ist) alles dahien angesehen, damit die Englieschen verstünden, das ein Hertzogh von Württembergh einem Landtgrauen hohejt vnnd standts halben mit nichten zu weichen, noch sich geringer zu geben. Wie nun mhergedachter Landtgräuiescher Gesantte von des myLord cheualliers Bouckhorst Shon an ein lange taffell zu öberst vff einnen Sessell eintzigh vnnd allein gesetzt wurde, ehr auch solche session gleich guttwülligh vnnd für bekant angenommen, vnnd mich alß dan Monsieur de Neuill beseits an die taffell auch zu setzen gedachte: hab ich solches keins wegs einuerwülligen wöllen, sondern protestirt vor gedachtem Grauen, auch allen Englieschen herren vnnd vom adell, deren ein gutte anzhaall zugegen gewesen: Weyll E. F. G. alß einnen Hertzoghen von Württembergh ich für dißmall zu repräsentiren, E. F. G. aber vor dem Landgrauen von Hessen die session gebürte, so were mir keins wegs zuueranttworten, vnder dem Landtgräuieschen gesantten zu sitzen, sondern wollte mir zu erhalttungh E. F. G. reputation der obere orth, oder aber gar zu weichen gebüren. In masssen ich dan auch vorhabens war, an die taffell nit zu khommen. Der Graue zeygte an, ehr hette nunmher den orth occupirt, woltte ihme also schwerlich fallen zu weichen, ehr hette auch nit vermeint, das man alhero brangens halben kommen oder das man solcher sachen disseits mheers gedenckhen sollte. Da ehr

aber sahe, das ich der thieren begerte, richtet ehr sich ein gutte
weyll ihm sessell vff, stundt ihm zweiffell, was ihme zu thun oder
zu lassen. Wurde aber endtlich dahien getheidiget, das der Graue
gewichen, vnnd denselbigen orth ein Engliescher herr ihn nammen
ihr Mt. occupirt, mit dem vermelden, ehr woltte kein newerung
anfangen, dessen ehr auch nit beuelch hatte. Alß dan setzte ich
mich vf die eine seitten öberst der taffell, also das ich die rechte
handt frey gehabt, der Graue aber wurde vff die ander seitt gegen-
über gesetzt, vnnd nachmals die taffell von denihenigen Personnen,
so wier bede bey vnnß gehabt, eingenommen. Dazu schlugen sich
auch noch sonsten zwen teutsche, alß Bilaw, ein Pommer, vnnd
Öllhafen, ein Nürnberger. — Der Graue vermeint, weyll es in des
Conte d'Essex losament, vnnd nit in einnem offentlichen saall were,
so hette solch sitzen desto wönniger zu bedeütten gehabt; dem be-
gegnet ich volgenter gestalt: Nämblich es hette sich der herr Graue
zu erinnern, das wier bede von der K. Mt. zu diesem offentlichen
Fest in nammen vnnd von wegen vnserer gnädigen Fürsten vnnd
Herren solenniter weren geladen vnnd beruffen worden. Weyll es
dan in solenni vnnd publico festo, auch ihn ihr Mt. Königlichen
Residentz gescheehen: so sey es eben souiell, ob es in diesem oder
einnem anderen gemach, in einer Chammer oder einem saall sich
zugetragen, mit begeren, wölle mich meiner Person halben ent-
schuldigen, dan ich solches, wie hieuor gemeltt, zu erhalttungh
E. F. G. reputation nit können vnderlassen. In ander wegh wüste
ich mich gegen einnem Grauen woll der gebür zuuerhalten. Sobaldt
solches gescheehen, ehe wier von der taffell noch nit vfgestanden,
so würts (wie ich glaübwürdigh nachmalen berichtet) ihr Mt. wie
gleichfals all den Rittern angezeygt, alsobaldt am gantzen hoff lautt-
bar worden [1]. Die Engelländieschen vom adell, so vnnß vfwarttetten,
steckten die köpff zusammen vnnd wusten sich in diesen handell nit
zu richten. Welche aber hierummen besser wüssenschafft, sonder-
lich von den fürnämbsten my Lorden, Herren vnnd Rittern, so gutt
Württembergiesch, die gaben mir (wie ich von vuderschiedtlichen
Personnen glaubwürdig verstanden) gewonnen, mit dem vermelden,
das ich durch diesen eintzigen actum meins gnädigen Fürsten vnnd
Herren reputation an diesem Englieschen hoff mher ehrhaltten, alß

---

[1] Von H. Friderich am Rande bemerkt: „Ist recht gewesen."

da ein anderer gesantter seinem herren zu eheren ein lange zeytt viell vffgheen lassen vnnd etlich tausent Kronnen spendirt hette. Waren also die fürnämbsten MyLord vnnd Ritter der meinungh, da ihr Mt. gesantter einner solches in frembdten Landen gethan, das ihr K. Mt. daran ein gar gnädigs gefallen gescheehen were.

Nach der malzeytt wurden wier bede gesanten in der Könningin Lustgartten [1], so gleich hieran, gefürt. Dieser gartten aber ist dem zu Stutgartten bey weittem nit zuuergleichen. Das fürnämbst waren die hüpsche gleiche haagh. Hienden dran ist auch ein abgesönderter baumgartten zu sehen. Alß wier nun ein kleine weyll hieriennen spatzieren gangen, auch der Graue vermeinte, ich soltte ihme solches zuuor angezeygt haben, sagte ich ihme: es were vermutlich, das ein yeder Gesante selbst wüssen soll, wessen ehr sich zuuerhaltten; also hab mir nit gebürt, ihme (ehe vnnd zuuor ich zu klagen gehabt) maß oder ordtnung fürzuschreiben, welches ehr mir auch ohne zweyffell für gutt nit vffgenommen hette. Hiezwieschen wurde zu hoff fürsehung gethan, das ich vß dem gartten neben denihennigen, so mir zugehörigh, wieder in die Chammer de presence gefürt wurde, damit ich den actum, so hioben albereit vßfhürlich beschrieben, volgents sehen möchte. MyLord le grand Chambellan, so (wie hieuor gemellt) an der anderen taffell zu öberst saß, der bracht mir ein glaß mit wein, vnnd ließe mir solches durch einnen vom adell lüffern. Über ein gutte weyll erst wurde der Graue von Solms vß dem gartten auch hienuff gefürtt; hatte also von dem tagh an von den Englieschen mher vffsehens alß zuuor nhie, dan nit allein die hoffhalttungh, sondern auch gantz Londen diß geschreyes voll whar.

Ehe ich mich aber für dißmall wieder von hoff begab, giengh ich wiederumb in des herren Conte d'Essex losament, desselbigen ankompfft daselbsten zu erwartten. Wie ich ihnne dan angesprochen, auch vmb gnädige beförderung meiner sachen, damit ich baldt audientz haben vnnd abgeferttigt werden möchte, gebetten, der zeygte an, es were vmb ein tagh oder zwen zu thun, so werde man wüssen khönnen, was beschlossen, für sein Person sollen E. F. G. ihme zutrawen, hab ehr an seinem vleyß bißanhero nichts erwinden lassen. Alß sich aber der Graue von Essex ein zeyttlangh absentirte

---

1 Von H. Friderich am Rande bemerkt: „Ich hab ihn wol gesehen."

vnnd in ein ander gemach den Ritterlichen habitum abzulegen gangen, kamen in diß Losament der Ritter noch trey, dannenhero ich vhrsach genommen, sie ohngefharlich volgenter gestaltt anzusprechen:

Illustres Comites et Barones, Equites Strenuissimi, Domini gratiosi. Quin litteræ Illustrissimi mei Principis ac Domini, Domini Friderici Ducis Wirtembergici et Teckensis, Comitis Montis Belgardi etc., ab Illustrissimo Ordine acceptæ, perlectæ et satis intellectæ sint, non dubito. Præterea autem ego a Sua Celsitudine in mandatis habeo, etiam coram vniuerso Illustrissimo Ordini suam amicissimam salutem indicare suaque promptissima seruitia offerre. Illustrissimus enim Princeps meus omnium beneficiorum et honorum, quibus hic præsens ante triennium affectus fuit, memor ea firmissima confidentia est, etiam nunc Suæ Celsitudini Illustrissimum Ordinem et Proceres Regni non defuturos, sed pro uirili sua ope et auxilio adiuturos, ut olim a Regia Maiestate promissi Ordinis particeps fieri et numero Illustrissimorum Equitum per electionem ascribi possit.

Diese bedanckthen sich E. F. G. gutten affection gegen ihnnen, zeygten daneben an, das fürnümblich, was die vßländieschen Ritter betreffe, die election bei ihr K. Mt. sthee. Souiell aber an ihnnen, wöllen sie sich alles gutten hiemit erbotten haben, dan ihr F. G. zu diennen erkhennen sie sich schuldigh. Nach diesem hab ich mein abschiedt genommen. Es wharen aber gutschen vnnd ein schüff für mich besteltt, also das mir freygesteltt, zu landt oder zu wasser wieder heimbzufharen. Aber ich hab mich wieder vff das vorige der K. Mt. schüff begeben.

Des anderen tags, alß den 24. Aprilis, wurde von mir an Conte d'Essex volgents inhalts geschrieben, damit ehr desto wönniger in vergeß stellte, vnnser werbung zu befürderen:

Illustris Comes, Domine gratiose. Quod heri, uti debebam et summopere cupiebam, Excellentiæ uestræ ante discessum meum non ualedixerim ac pro hactenus Illustrissimo Principi præstitis beneficiis et erga me beneuolentia gratias non egerim, eius causa fuit aduersa ualetudo mea, quæ me recedere cogebat, uti per suos me apud eandem iam excusatum esse spero. Nunc autem denuo Excellentiam uestram extreme rogo, quia in eo est, ut iam Illustrissimi Principis confidentissimam spem, uotum, exspectationem et existimationem sibi cordi esse patiatur, ne Sua Celsitudo frustra clementissima Regia promissione honorata sit, ne incassum toties tam humilliter supplicauerit. Cuius maiorem mihi spem facio, quod a Regia Maiestate ad uidendas eiusdem Illustrissimi Ordinis ceremonias celeberrimas et inclitam magnificentiam clementissime uocatus sum. Cui uocationi omnino obediendum statui, ubi a V. E. dubitationis causa, quam per missas ad eandem literas heri moui, aliter non mihi consuli sensi. Sic igitur, Illustris Comes, E. V. censeat, me firmiter mihi polliceri eandem fore, quæ, et quid uelit et quid possit Illustrissimo Principi meo præstare, hic monstratura sit.

Deßgleichen schrieb ich auch diß tags an myLord le grand Thresorier:

Illustris Baro, Domine gratiose. Quod neque antehac neque nunc ipse præsens, uti maxime desiderabam, E. Vestræ pro suo, quo Illustrissimo Principi meo adesse est pollicita, quo etiam eum nunc adfuisse sensi fauore, debitas gratias egerim, neque eandem ulterius causæ Illustrissimi mei Principis iuuandæ gratia interpellarim, causa fuit, quod uererer, ne plus iusto ipsi molestus essem. Nunc autem, dum uideo, in ipso esse puncto, quo de Illustrissimi Principis mei petitione peragi debebit, eandem nomine Illustrissimi Principis obnixe et diligentissime rogo, attenta Regia clementissima promissione, qua suæ Maiestati iam ante triennium Illustrissimum meum Principem honorare gratiosissime placuit, attentis tot humilibus pro eiusdem complemento Illustrissimi Principis et Domini mei clementissimi legationibus, ita hanc electionem Illustrissimi Principis promouere et iuuare benigne uelit, ut Sua Celsitudo cognoscat, a uestra E. se adiutam ac eidem omnibusque suis obligatam uicissim esse et manere debere. Plura non addens me hancque causam E. uestræ totam commendo eidemque mea omnia et perpetua præsento seruitia.

Wie nit wönniger auch zu mherer befürderung vnsers intents an Herrn Robert Cecill geschrieben worden volgents inhalts:

Monsieur, Je n'eusse failli de venir moy mesme a baiser les mains de V. S., comme estoit mon debuoir et ie desiroye fort, mais comme par ma maladie ie suis empesche iusques yci, ainsi n'estant auise de son vouloir, j'ay ayme plustost enuoyer la presente, auec la quelle primierement ie remmercie infinement V. S. pour le bon aduis et conseil, qu'elle m'a faict dire par le Spielman, mon amy, lequel en suyuant j'ay, comme parauant j'auoye delibere, enuoye une lettre a Monsieur vostre pere, et un' autre a myLord d'Essex. Hor ie prie V. S. diligemment, que l'affaire de son Altezze priemierement apres sa Maieste, puis encor apres Monseigneur son pere, en telle maniere aider et conduyre le playse, comme ie confie que V. S. ne laissera point. En me racommendant a Vostre bonne grace, Monsieur, je reste vostre tres affectionne.

Alß ich vff diese meine vnderschiedtliche trey schreiben an Herren Grauen von Essex, myLord le grand Thresorier vnnd Monsieur Robert Cecill, einner antwortt, damit ich baldt wieder gnädigh audientz bei ihr K. Mt. haben möchte, mit verlangen erwarttet vnnd doch nit beantworttet wurde: So kompt vff sambßtagh den 26. Aprilis ohnuersehener sachen von der K. Mt. mir botschafft, solle mich bey derselbigen vmb zwo vhren nach mittemtagh zu hoff einstellen. Welchem gnädigen zuentbietten ich dan obnfhcelbarlichen nachgesetzt, mich vff die Thamasim sambt siebent (nämblich all denihenigen Personnen, so vff den tagh S. Görgen mir vffgewarttet) begeben vnnd vff besticmbten termin zu hoff erschienen. Da ich dan alßbaldt vnder dem thor von obgemelttem Monsieur de Neuill vnnd noch anderen zweyen vom adell vß gnädiger anordtnungh K. Mt. gebürlich empfangen, alßbaldt a la sale de presence gefürt vnnd von ettlichen Rittern, Herren vnnd vom adell (deren daselbst eine große anzaall versamlet gewesen) ein zeyttlang mit freündtlichem gesprech vnderhaltten worden. Der Graue von Comberland, des Ordens de la Jartiere Ritter, begrüste mich, wie nit wönniger der Graue von Essex, freündtlich, mit vermelden, woltte mir die weyll nit langh sein laßen vnnd noch ein kleines gedult tragen. Alß ich nhun ohngefharlich ein halbe stundt vffgewarttet, wurde ich von myLord le grand Chambellan (der mich auch die vorige audientz hienein gefürt) ihr Mt. a la chambre priuce präsentirt. Von den meinigen aber wurde mit mir niemandt dan der von Büwinckhausen eingelaßen, die überigen fünff sein in der Presentz Chammer geblieben. Alß ich nhun gleich ihm eingangh wie auch in mitten des gemaches die gebürente reuerentz gethan, ist mir ihr Mt. etlich schritt entgegen gaugen, alß ich mich aber vor derselbigen vff das knie begeben wöllen, wurde mir solches gleich in demselbigen augenblückh von ihr Mt. (in maßen auch nheermale) nit zugelaßen, sondern mit beden händen vffzustheen anzeygen gegeben. Ihr Mt. aber begunte mich volgenter gestaltt in Lateinischer sprach anzureden:

Regina: Quæ nuper coram me Italico Idiomate nomine Illustrissimi tui Principis protulisti et quæ postea me iubente eiusdem argumenti latino sermone in scriptis exhibuisti, ea omnia intellexi optime. Nunc autem eam ab causam te accersiui, ut tibi, quæ ex me Illustrissimo Principi tuo indicare deberes, dicerem, et si aliquid amplius mihi dicendum haberes, (quod nuper ob multitudinem assistentium forte proloqui detrectaueris) id iam referas libere. Familiariter enim nunc tecum loqui uolo.

Daruff ich mit vorgheenter gebürlicher reuerentz geantworttet ohngefharlich wie volgt:

Ego: Serenissima et Potentissima Regina, Domina clementissima. Quod nunc denuo uestra Maiestas Serenissima hanc clementissimam audientiam mihi concedere dignata fuerit, pro ea re humillimas ago gratias. Legationem Illustrissimi mei Principis et humilissimam Suæ Celsitudinis petitionem pro impetrando illustrissimo Ordine de la Jartiere uestram Maiestatem clementissime intellexisse maxime gaudeo, et firmiter spero, eandem Regii sui promissi memorem iam in eum finem gratiosissime conclusisse, ut Illustrissimo meo Principi et Domino tantopere a S. C. desideratam et exspectatam uestræ Maiestatis resolutionem adferre possim. Quippe cum iam triennium sit elapsum, quod Regio illo promisso a V. M. Sua Celsitudo honorata fuit, cuius implementum tertia iam legatione, neglectis et posthabitis maximis sumtibus et expensis, S. Celsitudo humillime et diligentissime sollicitauit, non certe ob aliquam aliam causam quam ob eum honorem et dignitatem, qua Sua Celsitudo se auctam censet, si reuera gloriari possit, se a V. Maiestate Serenissima, ut Monarcha Christianissima, et Regina prudentissima et potentissima, nulli totius orbis Regum secunda, quæ præ omnibus ob eximias Regias suas uirtutes per uniuersum laudatur et celebratur, hac illustrissima dignitate Regia clementissime exornatam esse, atque in numerum suorum Equitum receptam. Et hæc, Serenissima Regina, sola est causa, quare ad uestram Maiestatem Serenissimam ego ablegatus fui. Nam nihil ulterius in medium ferendum et proponendum ab Illustrissimo meo Principe in mandatis habeo.

Alß ich nun erstangeregter gestaltt mein werbung vfs kurtzte wiederholet, haben ihr Mt. mir ohngefharlich mit volgenten wortten geantworttet:

Regina: Ego erga Illustrissimum tuum Principem, uti ante hac sempper fui, ita et nunc sum clementissime et amicissime affectionata: quacunque enim gratia et beneuolentia eundem prosequi potero, nihil a me intermittetur, nec ipse quicquam in me desiderabit. Quod ut Princeps tuus pro certo habeat, ab eo postulo. Quod uero ad petitum Ordinem attinet, ego tibi enarrabo omnia obstacula et impedimenta, ob quæ Illustrissimo Principi tuo, prout lubentissime uellem, morem gerere non possim. Ordinis nostri de la Jartiere certæ et firmæ sunt leges, conditiones et perpetua statuta. Eæ uolunt, ut in eligendis eiusdem Equitibus Imperatores Romani omnibus præcedant; his succedunt Reges, Regibus Electores, et sic deinceps. Quod si aliqui tales electi fuerint, ante omnia insignia Ordinis eisdem tradi et mitti debent, nec interim quisquam alius eligi unquam potest. Scies igitur, ante hac et iam dudum Reges aliquos communibus totius Ordinis uotis electos ac Ordini annumeratos esse, quorum nulli Ordinis eiusdem insignia hactenus transmissa fuere. Quæ cum ita sint, omnino necesse est, ut ante omnia id fiat, neque alii ulli denuo eligantur. Ita ute uilibet facile liqueat, mihi non licere ullo modo retractare ea, quæ semel a fundatoribus Ordinis sancita et constituta sunt. Illustrissimus ergo tuus Princeps me excusatam habebit, si huius sui uoti eum compotem facere nequeam: tum et ideo quod interea Rex Hispaniæ interuenerit, uariisque iniuriis ultra merita et exspectationem meam me affecerit. Ego tamen contra eum non gladio, sed clypeo usa sum.

Alß hieruff ihr Mt. mit der rüdt etwas stüll gehaltten, hab ich mit gebürenter reuerentz weitter also replicirt:

Ego: Serenissima Regina, quas Maiestas uestra clementissime protulit, releuantes et solidas rationes esse humiliter agnosco. Id tamen spero, Maiestatis uestræ clementissimam Regiam promissionem hic loco electionis esse Illustrissimo meo Principi, ac æque, ut prædicti Reges electione, ita Suam Celsitudinem promissione uestræ Maiestatis iam ad eum Ordinem quasi receptam esse.

Daruff ihr Mt. alßbaldt angefangen:

Regina: Quod toties et nunc et nuper promissi mei mentionem facis, id ego ualde miror, et dubito illustrem illum Dominum, qui superiori anno hic fuit, omnia non retulisse, prout ego ipsi præsenti tunc temporis dicebam et commemorabam. Quod si fecisset, non dubito, quin hæc legatio intermissa fuisset. Ego primo iutuitu quando intellexi, hic esse Legatum Ducis Wirtembergici, putabam, illum ob alia negotia huc ablegatum fuisse. Vnde euenit, ut iam quæsiuerim, num aliud nihil apud me expediendum haberes. Nam ut uera loquar, ego non recordor me absolute unquam tale aliquid promisisse, quod etiam illi Legato tum expresse dixi. Nam nec ratione prædictarum nostrarum legum absque maxima mea ignominia et præiuditio prædictorum Regum id facere unquam potuissem. Alß ich das gehört, bin ich nit wönig erschrockhen, dan mir solches ohnuerhofft vnnd gantz frembt fürkhommen: yedoch weyll mir nit hatt wöllen gebüren, über dieser verheyßungh, wie vnnd welcher gestalt vnnd mit was vmbständen dieselbige gescheehen, mit ihr Mt. zu streitten, hab ich allein vff volgente weyß geantworttet:

Ego: Potentissima Regina, Illustrissimus Princeps hanc Regiam gratiam et Ordinem a uestra Maiestate præsenti sibi promissam credit [1]. Quod autem ad Legatum illum attinet, is Illustrissimo Principi ita humilliter retulit, uestram Maiestatem, promissi sui memorem, utraque uice Suæ Celsitudini ulteriorem certam et indubitatam spem fecisse, videlicet Suam Celsitudinem quam primum tantopere desiderati et exspectati Ordinis participem facturam.

So baldt ich ihmmer vßgerädt, fiengen ihr Mt. ahn:

Regina: Si ita retulit tuo Principi Legatus, certe male egit, et est, ut me non intellexerit. Illud quidem fateor, me Illustrissimum tuum Principem omni beneuolentia amplecti et amore debito prosequi. Quacunque enim in re Suam Celsitudinem ope et auxilio meo iuuare potero, illud non sum intermissura. Ut uero pro certo iam affirmare debeam, me Illustrissimum tuum Principem illa dignitate honoraturam, id non penes me est. Omnes enim sumus mortales, egoque re infecta crastino etiam die mori possem. Illud uero iterum dico, pro certo sciat Princeps tuus, me eum omni gratia et amore prosequi ac ei donec uixero in nulla re defuturam.

---

1 In einem, noch im Originale erhaltenen, Schreiben vom 3 November 1604 befragt Erhardus Cellius, aus Anlass der Veröffentlichung des oben Seite 3 erwähnten Eques auratus Anglo-Wirtembergicus, den Herzog Friderich „de causis itineris Anglici" und insbesondere, ob er „ob hunc ordinem petendum" nach England gereist sei. Der Herzog erwiederte hierauf am Rande eigenhändig: „Wir seindt deßwegen und anderer Sachen halber expresse dahin „gezogen; auch die verstorbene Königin Vns solchen Orden dazumhalen „versprochen."

Vnnd haben ihr Mt. alhie von wortt zu wortt die obangezogene vhrsachen, warumb sie für dißmall E. F. G. nit wiellfharen khönnen, wiederholet. Daruff ich dan geantworttet wie volgt:

Ego: Clementissima Regina, uestræ Maiestatis mortem Omnipotens DEVS ad totius Reipublicæ Christianæ et omnium bonorum commodum et conseruationem diu clementissime auertat. Quia autem hac uice Illustrissimi Principis humillimæ petitioni quoad Illustrissimum Ordinem uestræ Maiestati consentire non placuit, eandem humillime rogo, saltem per litteras suas clemèntissimas Illustrissimo Principi meo prædictas causas denegationis, quidue Sua Celsitudo in posterum sperare debeat, ipsa exponere gratiosissime dignetur. Ego autem pro hac Maiestatis uestræ gratiosissima resolutione, oblatione et declaratione promptissimæ ac benignissimæ suæ uoluntatis ac animi affectiouatissimi eidem, nomine Illustrissimi Principis mei, humillimas ago gratias. Suæ Celsitudinis uero nomine promitto, eandem omnem nauaturam operam omnesque neruos intensuram, ut Regiam illam gratiam et clementissimam uestræ Maiestatis affectionem quam gratissimo animo quacunque oblata occasione suis humillissimis seruitiis recompensare, sibi conseruare ac commereri possit, utque uestra Maiestas uideat, Suam Celsitudinem non indignam, quam eadem non solum hoc petito ordine ornet, sed etiam amore et gratia sua Regia, qua nihil maius Sua Celsitudo desiderat, prosequatur. Hoc uere etiam dicere possum, uix ullum esse sub sole diem, quo Sua Celsitudo non faciat honorificentissimam et magnificentissimam mentionem tum uestræ Maiestatis Serenissimæ, tum totius huius florentissimi Regni, commemorans cum maxima reuerentia et affectione uestræ Maiestatis Serenissimæ egregias uirtutes et actiones Regias et eiusdem erga Suam Celsitudinem clementissimam uoluntatem totque beneficia et honores, quot eadem a uestra Maiestate et omnibus Regni Proceribus hic præsens receperit. Quorum omnium quam gratissimo animo Sua Celsitudo recordetur, ego certe uerbis exprimere satis non possum, sed, ut uno uerbo omnia dicam, hoc uestra Maiestas pro certo habeat, Suam Celsitudinem maiori honore se affici non posse sibi persuadere, quam si dicatur humillissimus et promptissimus seruus uestræ Maiestatis, talemque uestræ Maiestas Suam Celsitudinem agnoscat et habeat.

Solches haben ihr Mt. gern gehördt, wie solches vß derselbigen wortt vnnd gebertten augenscheinlich abzunemmen gewesen, antwortteten also mit sonderlicher affection volgenter massen:

Regina: · Ego quas petis litteras tibi lubentissime communicabo ac faciam, ut sine ulla mora eæ tibi reddantur: tum etiam in eum finem, ut ex me Illustrissimus tuus Princeps satis intelligat, te officio et munere tuo hic optime functum fuisse. Quod autem Illustrissimus tuus Princeps me ita honoret, id ego non mereor nec eo me dignam agnosco. Propensum autem et amicum eius erga me meosque animum inde colligere cogor: quo fit, ut et ego alia erga eundem esse non possim quam propensissima.

Diese formalia hab ich behaltten; dabey aber noch viell andere danckhsagungen vnd höffliche erbiettungen gewesen. Daruff ihr Mt. weiter gerädt:

Velim autem, ut Illustrissimo tuo Principi meo nomine sequentia exponas ac diligenter in memoriam reuoces ea, quæ ipsi præsenti ante triennium ipsa dixi. Primo: Ne Principes Germani se immisceant externis bellis rebusque et negotiis alienis, sed quisque sua curet. Secundo: Ne permittant illas calumnias et iniurias, quibus Theologi se inuicem cum omnium christianorum scandalo et detrimento maximo afficiunt, sed faciant, ut discordia illa, quoad fieri potest, e medio tollatur. Tertio: Vt Illustrissimus Princeps tuus meos mercatores tuto ire, redire et commercia sua exercere permittat, sibique omnes Anglos commendatos habeat. Vltimo: Cum me nequaquam lateat, esse quosdam calumniatores, qui de me meaque persona odiose et male loquantur, et omnis generis iniurias mihi inferant, uaria mendacia et sinistras opiniones de me spargentes, tuum Principem rogo, ut causam meam agat, me pro uirili defendat, et ubique locorum a maledictis et iniuriis semper me tueatur et purget.

Solches alles haben ihr Mt. mit sonderem ernst geredt. Daruff ich volgenter gestaltt (souiell ich vermeint ohne E. F. G. nachtheill gescheehen können) geantworttet:

Ego: Clementissima Regina, quæ uestra Maiestas iussit, ea promitto omnia et singula me sedulo et fideliter Illustrissimo meo Principi relaturum. Quod uero ad bella et negotia externa attinet, Maiestati uestræ certo affirmare possum, Illustrissimum meum Principem ita quiete et tranquille, cum omnium suorum subditorum maximo gaudio et totius Sacri Romani Imperii consensu, suis Ducatibus et Comitatibus Deo propicio perfrui, atque forte nullus alius Germaniæ

Princeps. Quæ causa est, ut alienis rebus se immiscendi ansam et occasionem ullam Sua Celsitudo non habeat, cui nemo suarum rerum controuersiam mouet. Præterea maledictis et iniuriis Theologorum Sua Celsitudo minime delectatur. Mercatoribus uero Anglis, quoad mihi innotuit, impedimento nusquam fuit, sed potius et saluo conductu eis dato et adiunctis, qui eos deducerent, semper promouit, omnique ope et auxilio adfuit. Omnes enim, qui se Anglos esse profitentur, et infimum quemque, maximo amore et beneuolentia Sua Celsitudo non potest non prosequi. Cæterum quoad personam uestræ Maiestatis, itidem nomine Illustrissimi mei Principis et Domini eidem gratias ago humillimas, quod uestra Maiestas se suamque famam inclytam Suæ Celsitudini defendendam commendet. Sua Celsitudo enim nihil magis desiderat, quam ut occasio ipsi offeratur uestræ Maiestati gratificandi et inseruiendi. Quare certo sibi persuadeat uestra Maiestas, Illustrissimum meum Principem nequaquam unquam permissurum, ut uel minimum uerbum a quocunque in præiuditium uestræ Seronissimæ Maiestatis proferatur impune, sed Suam Celsitudinem usque adeo in eiusmodi sceleratos homines (nam tantum crimen in bonum uirum non cadet), qui uestræ Maiestatis inclytum nomen suis detrectationibus obscurare audeant, grauissima et dignissima pœna animaduersuram, Suamque Celsitudinem etiam eandem uestram Maiestatem eiusque Regiam reputationem ubicunque locorum contra quosuis omnibus fortunis, bonis, uita et sauguine suo defendendam tuendamque iamdudum suscepisse. Hoc enim sui officii esse Sua Celsitudo scit et agnoscit.

Solches haben ihr Mt. mit frölichem angesicht angehördt vnnd daruff kurtzlich geantworttet:

Regina: Ego igitur uicissim iterum, ut antea promitto, gratia et amore meo Illustrissimum tuum Principem me semper prosecuturam. Et licet de eiusdem animo erga me non dubitem, tamen, ut omnia et singula hæc Principi tuo, prout petii, in memoriam reuoces ac proponas, neque quicquam eorum prætereas, omnino uolo.

Als ich solches trewlich zuuerrichten vnderthänigst mich erbotten, sein mir ihr Mt. in die rädt gefallen vnnd gefragt: Wie mir derselbigen hoffhalttung, insonderheyt aber die Cerimoniæ an S. Görgen tagh, geuallen? Daruff hab ich vnderthänigst geantworttet:

Ego: Serenissima Regina, ego non solum Germaniam, patriam meam, uerum etiam Galliam, Italiam, Græciam, Turciam, Aegyptum,

Arabiam, Syriam et Palestinam perlustraui, sed tantæ Magnificentiæ Regiam aulam, tanta maiestate ineffabili et splendore Regio ornatam, tanto ordine et modestia compositam, nullam unquam me uidisse ingenue fateor, nec credo aliquam esse, quæ eidem comparari, minus anteferri possit; quod quidem licet alias incredibile, tamen ei, qui caput eiusdem, uestram Maiestatem, uiderit, mirum non uidebitur. Nec hoc auribus do uestræ Maiestati, sed serio dico, et me tacente ipsa loquitur ueritas.

Solches haben ihr Mt. woll vffgenommen vnnd mir deren eheren gedancktb, auch daruff angezcygt, so baldt mir gefiell, mein vnderthänigsten abschiedt von ihr Mt. zunemmen, dessen weren dieselbigen gnädigst zufrieden; were ihr Mt. auch nit zuwieder, wan es ytzo geschee. Daruff ich solches alßbaldt gethan, vf volgente weiß ohngefharlich:

Ego: Clementissima Regina. Si pro tam clementissima non solum audientia, uerum etiam expeditione et resolutione uestræ Maiestatis, pro tam benignissima eiusdem erga meum Illustrissimum Principem et Dominum affectione, proque tam gratiosissimis erga Suam Celsitudinem amoris et beneuolentiæ suæ Regiæ testimoniis debitas gratias agere uellem, id non possem, et si possem, uestram Maiestatem plus iusto detinerem. Aliud igitur non, quam quæ supra dixi, humillime et subiectissime repeto, Illustrissimum meum Principem totum esse et fore, usque dum uixerit, uestræ Maiestatis humillissimum et promptissimum seruum, pro eadem uitam et sanguinem exponere paratum: in cuius recompensationem Sua Celsitudo aliud nil desiderat, quam uestræ Maiestatis gratiam, fauorem et clementissimam uoluntatem, uti eam firmiter se habere confidit, et tunc firmius, cum tam auide a se expetito Regio beneficio et Ordine se tandem aliquando ornatam uiderit. Quod ut mox fiat, omnibus uotis et subiectissime uestram Maiestatem rogo et obsecro[1]. Ac ita eidem uitam longissimam et omnem fœlicitatem exopto, desidero et precor.

Daruff alß ich mit gebürenter reuerentz die händt ihr Mt. geküst, bin ich von obgemelttem vom adell wieder vß dem gemach biß ans schüff beleittet worden.

Dißorths soll ich mit stüllschweygen nit vmbgheen, alß ich diese

---

[1] Von H. Friderich am Rande bemerkt: „Das ist recht gewesen."

letzte audientz gehabt, vnnd wie obgemeltt Ihr Mt. mir etlich schritt entgegen khommen, das sich dieselbige nit wieder gesetzt, sondern länger als eine gantze glockhenstundt ständtlich (welches von einner so fürnämmen Königin, so hohes alters vnnd vff künfftig Michaeli das vier vnnd sechtzigste ihar erreicht, woll zuuerwundern) mit mir gerädt haben. Auch von anderen nit können verstheen, das ihr Mt. solches offt zu thun pflegen.

Ihr Mt. waren dißmall bekleidet in ein guldin stückh mit rottem boden, vnnd hetten vf dem haupt die gewhonliche Königliche beerlin Kron, hetten an ein halßbandt vhast vff die manier, wie solche die Ritter an S. Görgen tagh getragen, alles mit gar großen Diemanten vnnd anderen edelen gesteinnen versetzt. Vornen vff der brust waren ihr Mt. bloß, vnnd hetten vmb ein gar langh durchgearbeittet oder durchsichtig kreeß, daruff vornen ein abscheuliche große schwartze spinnen gesetzt, anderst nit alß wen sie natürlich vnnd das leben gehabt, welche woll manchen betrügen mögen.

Sonsten aber wharen alhie en la chambre priuee nit so ein große anzhaall von Herren vnnd FrawenZimmern, wie in der ersten audientz, sondern allein volgente Personnen: Nämblich ein altte betagte, vnnd noch andere vier junge Gräuinnen, die sonst gemeintlich vmb ihr Mt. sein, Item der Herr Grand Thresorier vnnd sein Shon, Herr Robert Cecill, der Herr Admiral, item der Herr grand chambellan, vnnd der Secretarius ihn Lateinniescher sprach, Herr Wulle. Doch sein solche Personnen alle so weitt von ihr Mt. gestanden, das sie das wönigiste wortt, so in solcher audientz geredt worden, vernemmen oder verstheen können. Alß ich nhun ihm hienußgheen, rüffte ihr Mt. dem Herren Robert Cecill zu sich, dem dan wegen meines Credentzschreiben befelch gegeben worden. Welches Ihr Mt. Credentzschreiben mir dan ettlich taghlangh hernach der Herr Spiellman überantworttet hatt, mit vermelden, das ihme Herr Robert Cecill angezeygt, solch schreiben where ihr Mt. mündtlichen resolution ihn allwegh gemeß vnnd in meliori forma gestellt, also das verhoffentlich E. F. G. nach ytziger beschaffenheyt der sachen würden gnädigh damit zufrieden sein können.

Hiezwieschen hatt obgemeltter Graue von Solms bey dem Herren Grauen von Essex angehaltten, ihme yemandt von seinnen leüthen zuzugeben, damit ehr ihr K. Mt. heüser besehen möchte, welches ihme dan verwülliget worden. Hatt der von Solms ihme also ein anhangh gemacht vnnd bei zwäntzigh pferdten starkh hienuß gezogen. Daruff alßbaldt durch wollgedachten Herren Grauen von Essex mir solches angezeygt vnnd vß eygner beweghnüß offerirt worden, da ich neben den meinnigen auch ihr Mt. heüser vnnd was sonsten ihm landt denckwürdigh vnnd sehens werth zu sehen begerte, das ehr mir entweder yemandt bekhanntten zugeben, oder aber fürschrifften an die Beampten vnnd Officier ertheilen wolltte. Wiewoll ich nhun für meine Person solche heüser vor siebentzehen iharen gesehen, also meins theils zeytt vnnd uncosten woll sparen khönnen: yedoch weyll des Grauen von Essex abgeordtneter secretarius Signor Wotton mit vielen vmbständen zuuerstheen gab, das solche sachen woll werth zu besehen, vnnd ich nit woll thun würde, da ich vor meinem verreysen dieselbige nit besuchte, auch weyll ich insonderheytt die gutte affection des Herren Grauen spürette, hab ichs mit fugen nit woll vßschlagen dürffen, darmit man nit vermeinen möchte, das ich solche heüser geringh hieltte vnnd verachtette, auch darmit sich meine geselschafft, so theils sehens halben vßgezogen, sich etwas zuerlustigen, inansehen wier die gantze zeytt über ihn Londen gespannen vund verbunden, also allein E. F. G. sachen, wie sich in allwegh gebürt, vnnd gar nit vnserem gefallen vnnd begeren abzuwartten, muß vnnd weyll haben khönnen. Bin also den 6. May, nachdem ich litteras recommenditias vom Herren von Essex genommen, mit meinen beyhabenten, wie auch den andern treyen, alß nämblich Hormoldt, Rittell vnnd Krebssen, welche E. F. G. zu vnderthännigen eheren, so offt wier gen hoff kommen, oder sonsten in derselbigen gescheften zu den fürnämbsten Herren zu gheen gehabt, das gleitt geben vnnd vffgewarttet. Vnnd solches desto mheer, weyll sich der Hessiesch gesantte breitt gemacht vnnd gern groß vfsheens haben wöllen. Zogen erstlich vff Richmondt, von dannen nach Nanschitz, Hanticourt, Otlandt vnnd Windtsor. In welchen ihr Mt. Königlichen heüseren allen, so woll auch zu Witthall in Londen wie gleichergestaltt zu Grinowitz (dabien vor vnnserem verreysen sich ihr Mt. begeben) ist vnnß alles eröffnet vnnd nichts verhalten, also große eher erzeygt worden. Welches diß orths zu specificiren viell zu langh sein würde.

Den 8. May spatt bin ich wiederumb zu Londen ankhommen, vnnd weyll ein schüff, der Engell Gabriell genant, enthalben, so nach Hamburgh abfharen wöllen, hab ich mit dem Patron desselbigen, Peter Pont, des schüfflons halben vmb acht pfundt steerling accordirt. Vertröstet mich gleichwoll in kürtze abzufharen, bin aber theils durch ihnne, mhertheils aber durch wiederwerttigen wiendt, wie nit wönniger durch einnen anderen zustandt (dessen baldt meldung gescheehen soll) vffgehaltten worden. Die wharheyt anzuzeygen, were ich durch Franckreich (welches auch mit wönnigeren uncosten gescheehen können) lieber zurückh gereyset, aber solches wegen der gefharr nit wagen dürffen, fürnämblich auch, weyll E. F. G. diesen wegh vff Hamburgh für rhattsam angesehen, dabey ich billich vnderthännigh bleiben sollen.

Der gutschen halben bin ich gantz Londen durchgangen, keinnen wäghner überbuiptfft, der gutschen oder wägen gleichwoll allerhandt gattungh, ein grosse anzhaall gefunden, aber keinen, so mich vermögh meinner instruction beduncketh besser, alß dieser gegenwerttiger, für E. F. G. zu sein. Vnderthänniger vertröstungh, soll E. F. G. gefallen.

Was die blutthundt anlangt, hab ich nichts vßbündigs, ohnangesehen ich zeyttlich nachfragh gehabt, bekhommen können. Monsieur Robert Sydenay, guberneur de Flüssingen, aber hatt mir zugesagt, wölle E. F. G. ein Paar vßgheen, daruff man sich zuuerlassen. Solche sollen E. F. G. von ihmme bey nechster gelegenheytt, allein das ihme derenthalben ein klein zettelin geschrieben, zu empfangen haben.

Die pferdt sein so werth vnnd theüer gewesen, das mir der Monsieur Sydenay vnnd andere angezeygt, wie auch ich selber erfharen, man müste alles mit doppelttem geltt bezalen, vnnd würde dannoch zubesorgen sein, das man damit nit bestheen würde; hab doch letztlich zwey funden, deren eins ein rottschiemmell, aber nheer nit alß vmb 36 pfundt sterling hatt wöllen gelassen werden, das ander whar ein schiemmell (so bede gutte zeltt giengen). Dieser wurde mir vmb 23 pfundt endtlich erlaubt: welches ich der gestaltt eingangen, da es anderst gliedtgantz, vnnd keinen mangell so zu scheßen. Wie ehr mir aber von Grinowitz biß ghen Londen fürs losament geritten, vnnd ich ein erfharnen huffschmiedt darüber fhüren vnnd selbsten besehen wöllen, wollte solches des verkeuffers dienner nit zulassen, sondern hatte grosse eyll vnnd trangh vff die bezhalungh. Welches mir allerhandt nachdenckhens machte, befandt endtlich, das ehr vornen am linckhen fuß spatten, auch ihm stall (ob ehr woll von Grinowitz biß alhero kein arbeit gehabt) anderst nit geschwitzt, alß wen er mit eim schaff wasser were überschüttet worden. War derhalben fro, das ich dessen quit, vnnd stellet das pferdtkauffen für dißmall ein. Es hatte Landtgraue Moritz von Hæssen pferdt halben einnen Lacqueien lange zeytt zu Londen liegen gehabt, aber hette vß angezognen vhrsachen noch zu vnserem abreysen diß orths nichts verrichten können. Vnnd weyll es in der wharheyt diese beschaffenheyt, verhoffe ich, E. F. G. werden mich hiemit für entschuldigt halttten.

Die zwölff paar stimpff hab nach E. F. G. begeren ich allerhandt farben, vsserhalb schwartz vnnd grün, nach bestem meinnem vleyß vnnd so nhae ich kontt einkaufft. Ist ein vßbundt, so vsser grosser anzhaall erlesen worden. Verhoffe derhalben, sollen E. F. G. gefallen.

Wie gleichfals auch die händtschuch, hette die trey paar gern mit silber gehabt; so aber vf dasselbige manier gemacht, wharen zu klein vnnd nit für Ewer gnaden.

Deßgleichen haben hiemit E. F. G. ettliche abrüss der Cammin zu empfangen.

Item den Englieschen bogen von dem Mompelgartieschen büxenschmiedt, welcher solchen lieber E. F. G. ohnne bezalungh zu vnderthänuigen gefallen woltte zugeschückth haben; weyll er aber des seinigen dürftigh, auch ettlich gesellen iu seinnem costen (damit ehr vor vnserem verreysen mögen verferttiget werden) müssen anstellen: hatt ihme solches wöllen beschwerlich fallen, vermeint also nit mer empfangen zu haben, dan das ehr den blossen vncosten mögen abtragen.

Alß ich nhun von Könniglicher Mt. ein PaßPort erlangt, hab ich getracht, ohne längern verzugh von allen denen Herren, an die ich schreiben gehabt vnnd von E. F. G. adressirt worden, meinen gebürenten abschiedt zu nemmen, also den 10. May gen Grünnewitz, da ihr Mt. dazumalen hofhieltte, gefharen vnnd mich zuuorderst bey dem Herren Grauen von Essex anmelden lassen. Welchem ich ohngefharlich volgenter gestaltt ualedicirt:

Illustris Comes, Domine gratiose. Impetrata iamdudum ueuia gratiosissima a Sua Serenissima Maiestate Regia omnino ante discessum meum Excellentiæ uestræ humiliter ualedicendum et pro innumeris beneficiis et summa beneuolentia, qua in tractanda et promouenda Illustrissimi Principis mei causa mihi serio adfuit, debitas gratias agendas esse necessarium duxi. Licet enim eum finem, ad quem sedulo, dum hic morarer, tendebam, non assecutus, neque Sua Celsitudo sui voti (quoad Illustrissimum Ordinem de la Jartiere) etiam hac tertia legatione compos factus fuerit: tamen spero, Suam Celsitudinem remotis releuantibus et solidis illis causis, quas sua Regia Maiestas prætendebat, tandem prima qualibet meliori oblata occasione eundem semel promissum ac tantopere desideratum et expectatum Ordinem adepturam et assecuturam fore. Quod ut facilius fiat, uestram Excellentiam (quæ apud Regiam suam Maiestatem plurimum potest) etiam nunc subnixe rogo, ut Suam Celsitudinem sibi recommendatam habeat, suamque causam etiam in posterum uti hactenus pro uirili sua ope, consilio et auxilio iuuare uelit. Quam erga Illustrissimum meum Principem Excellentiæ uestræ beneuolentiam et fauorem Sua Celsitudo uicissim quouis officii genere, quolibet loco et tempore, quoties occasio se obtulerit, erga Excellentiam uestram totamque suam illustrem familiam recompensare minime intermittet, uerum eidem suisque omnibus parem gratiam referre semper studebit.

Cæterum quoad illum Stamlerum, qui pannis hactenus nomine Illustrissimi mei Principis solicitauit, humiliter uelim, ne illi ulterior fides habeatur, neque aliquid concedatur, donec Sua Celsitudo animi sui uoluntatem litteris quam primum declaret.

Ne autem plus iusto Excellentiam uestram detineam: eidem iterum atque iterum humiliter ualedico, longissimam uitam et omnium rerum fœlicissimum successum ex animo præcor.

Hieruff antworttet der Graue: Es were ihme leydt, das E. F. G. für dißmall bey der K. Mt. ihr begeren nit erlangen mögen, es weren aber die vhrsachen ihn der wharheytt also beschaffen, wie ich von ihr Mt. selbsten mündtlich gnugsam verstanden. Was sein Person anlange, könne ehr mit Gott bezeygen, das es an seinnem müglichen vleyß nit ermangeltt, welches ehr dan auch hienfüro zu thun sich erbotten haben wölle. Darein E. F. G. keinnen zweyffel setzen sollen, dan solches zu thun erkhenue ehr sich schuldigh. Hatt auch E. F. G. seinnen vnderthännigen dienst zuuermelden mir befholen, vnnd darneben angezeygt, wölle mir des künfftigen tags auch sein schrifftliche antwortt an E. F. G. wiederfharen lassen. Was aber den Stamler betreffe, wölle ehr gebetten haben, das vff das ehest alß müghlich E. F. G. ihme zu wüssen machen, wie dieselbigen sachen beschaffen, vnnd wessen man sich gegen ihme zuuerhaltten[1].

Ob Ich nun woll den Herren grand Thresorier vnnd seinnen Shon, Herren Robert Cecill, auch allhie zu hoff anzutreffen, vnnd von ihnnen mein abschiedt zu nemmen vermeint, so wurde mir doch durch den Herren Spiellman angezeygt, das der altte Herr grand Thresorier zu Londen übell vff were, vnnd das ich mein abschiedt von ihme füghlicher würde schrifftlich nemmen khönnen, so wölle ehr sich ihn solchem fhaall selbsten zum botten gebrauchen lassen, vnnd daneben mündtlich gegen beden Herren mit mher vmbständen vermelden, welcher gestaltt ich sie zu hoff gesucht vnnd selbsten verhofft anzureden. Welchem rhatt ich dan genolgt, vnnd yedem insonderheytt mutatis mutandis vff die manier, wie auch dem Grauen von Essex, naledicirt, allein das ich von dem Herren grand Thresorier vff des Ritterlichen Ordens gemein schreiben ein schrifftliche antwortt begert. Es wurde mir aber wieder hieruff durch den Herren Spiellman angezeygt, das bede Herren gegen E. F. G. sich alles gutten erbotten, vnnd ihre dienst offerrirt hetten. Was aber die antwortt des Ordens betreffe, so berhue es für dißmall bei ihr Mt. resolution, vnnd weyll die Ritter nit an einnem orth anzutreffen, sondern einer da, der andere anderstwho, so sey solche antwortt (die dan die nottorfft ohne das nit erfordere) auch desto minder ins werckh zu richten.

Von Monsieur Sydenay, Gouuerneur de Flüssingen, hab ich auch mein abschiedt genommen, vnnd weyll ehr bey dem Grauen von Essex (dem ehr etlicher massen verschwägert) viell vermagh, auch ich gegenwerttigh die zeyt über, alß ich zu Londen gewesen, gnugsam spüren können, das ehr gegen E. F. G. trewlich vnnd ohnderthännigh affectionirt, so hab ich ihnne auch zum abschiedt ihn nammen E. F. G. höchlich gebetten, wölle ihn künfftigem nit wönniger ihme dieselbigen befholen sein lassen, vnnd was zu befürderung solcher sachen yedesmals die notturfft erheischen würt, nit vnderlassen. Welches ehr mir dan bey der handt zugesagt, dan ehr in diesem vnnd mhererem nach bestem seinnem vermögen vnnd souiell an ihmme sthee E. F. G. zu dienuen sich schuldigh erkhenne. Wölle auch der blutthundt ihngedenckh sein, vnnd vf abfordern

---

[1] Von H. Friderich am Rande bemerkt: „Factum est."

E. F. G. mit ehestem gern lassen zukhommen.

Monsieur de Staffort vnnd Monsieur de la Fontaine Ministre wharen von Londen verreyset. Derhalben an Monsieur de la Fontaine ein schreiben hienderlassen, ihn welchem ich ihme seinner gehabten mhüe halben gedanckth vnnd gebetten, auch hienfüro das beste zu thun; solches werden E. F. G. gegen ihmme mit gnaden erkhennen. Mit weitterem anhaugh, das ehr meinnetwegen von Mousieur Staffort (weyll ich ihnne vor meinem verruckhen personlich nit antreffen können) auch ein abschiedt nemmen, vnnd mich diß orths gebürlich entschuldigen wölle.

Ferner nachdem ich mich zeyttlich in Londen befragt, was für teütsche oder audere Kauffleüth da wheren, bey welchen ich ihm fhaall der noth vermögh meinner Instruction ihn nammen E. F. G. geltt vfbringen könnte, wurde mir durch den Hormoldt von einnem gesagt, Sebastian Speydell von Weyll der statt, so sich ohnangeredt erbotten, woltte sich, alß ein halber Württemberger, bei mir einstellen, vnnd E. F. G. zunorderst seine dienst offerriren. Welches dan baldt daruff auch gescheehen. Dannenhero ich vhrsach genommen, ihnne in omnem euentum geltts halben, dessen summam ich doch derselbigen zeytt nit specificiren können, anzureden. In welche darleyhung ehr dan allerdings verwülliget, mit vermelden, soltte mich daruff verlassen. Alß es nun zum endt lauffen wöllen, vnnd ich beyleüffigh gewüst, was mir fheelen möchte, hab ich ihme Speydell solches angezeygt, der woltte erst viell difficulteten machen vnnd fürgeben, ehr wüste sich zu erinnern, das ihn Teütschen Fürstenhöfen der brauch, wan man geltt empfangen, das man nachmalen erst supplicieren vnnd langh wegen der bezhalungh nachlauffen müste. Da ehr nun wüste, das es dieses orths auch die meinungh sein soltte, woltte er sein geltt lieber ins mheer, oder in die Thems werffen. Nachdem ich ihme aber solches guugsam wiederlegt, nämlich das es bei Württembergh nit heerkhommen, sondern das ihme gewüßlich dasihenige, dagegen ich mich verschreiben würde, ohne allen costen vff zeytt vnnd ziell gebürlich soltte bezalt werden, war ehr solches zufrieden vnnd versprach 400 Kronnen, welche Paulo Schermer ihn Vlm inwendigh zweyer Monat wiedervmb soltten erlegt werden. Des anderen tags lest ehr mir durch seinen shon anzeygen, ehr hab das geltt in andere wegh verwenden müssen, wölle ihnne derenthalben entschuldigen. Daruff ich ihme alß einnem

altten leichtferttigen man souiell zuentbotten, das ehr mich woll
versthecn mögen. Ehr hatt aber hiezwischen, wie ich in erfharung
bracht, gegen ander leüthen vßgestossen, alß wen mein Person ihme
verdechtlich were, vnnd das nit vermutlich, da E. F. G. in Londen
geltt bedürffte, das mir deßwegen nit soltte ein schein oder wexel-
briefflin sein ertheilet worden. Alß aber Herr Spiellman solches
alles verständigt, ist ehr vß eygner beweghnüß zu solchem Speydell
gangen, ihnne seines versprechens erinnert, vnnd über solches alles
vff gutten wegh gebracht, also das ehr vfs newe solch geltt zuerlegen
zugesagt. Des anderen tags war es abermals das vorige, vnnd ließ
mirs wiedervmb absagen. Wan ich dan augenscheinlich sehen kontte,
was hiervß zuervolgen, da es zu hoff vnnd auch vnder den Kauff-
leüthen vnder der Bürst lautbar wurde, hab ich den Herren Spiell-
man vnnd andere ehrliche leüth mheer, vnder denen auch die Würt-
tembergiesche, alß nämblich Hormoldt, Rüttell vnnd Krebs gewesen,
ihn mein losament bemhüet, vorhabens, allda dem Speydell in der-
selbigen aller gegenwerttigkeytt sein vnthatten also zuerweysen,
das er nit vhrsach soltte haben, einnem anderen Gesantten die tagh
seins lebens ein dergleichen böß stückh zu beweysen, auch damit
ich bey mäniglichen ihn Londen sonderlich zu hoff vnd vnder der
Bürst (in ansehen ehr mein Person wöllen verdächtig machen) desto
mer purgirt vnnd entschuldiget, auch solches in ander wegh nit
zuentgeltten hette. Aber weyll ehr vff erforderen bey mir nit er-
schienen, hab ich nichts desto wönniger Büwinckhausen vnud Brend-
dell zu ihme ins hauß geschückth, vnnd den Herren Spiellman, wie
auch die andere gegeuwerttige, mitzugheen vermöcht, alda ihme sein
leichtferttigkeytt vnnd böse stückh durch Büwinckhausen erheischen-
ter notturfft nach gnugsam verwiesen worden. Wie ehr dan ihn
aller gegenwerttigkeytt sein vnrecht erkhant vnnd höchlich vmb
verzeyhung gebetten hatt. Nichts desto wönniger ist es durch
solche seinne begangne fheel mir daruff gestanden, das ich nit
allein gar an meinner reyß gehiendert, sondern gegen mäniglichen
mit spott bestheen müssen, da ich nit zu allem glückh andere ge-
legenheytt angetroffen. Ist mir also durch ein Kauffman, Wilhelm
Watton, (der dem Büwinckhausen auch ettlich geltt gegeben hatt)
200 Kronnen, welche in Hamburgh den 12. July wieder erlegt wer-
den sollen, gelichen worden. Vnnd dan durch Johan Philip Gwandt-
schneider auch 200 Kronnen, welche ihn Nürnbergh auch vf be-

stiembten termin, nämblich den 12. July, Görgh Gwandtschneidern, seinem vettern, sollen bezaltt werden. Bin also vff die letzte durch solchen ohnuerhofften zustandt an meiner reyß nit wönnigh gehiendert worden. Dan, die wharheyt zu reden, hetten wier ettlich tagh vor vnserem verruckhen gutten wiendt vortzukhommen gehabt, wie dan vnser schüffman länger nit wartten wöllen, da ehr nit durch den Herren Admiral vnsert wegen were angehaltten worden. Dessen allen, wie gemeltt, dem Speydell zu danckhen. Ehe ich aber von Londen verruckhe vnnd weitter mein reyß continuire, ist von nöttben, E. F. G. vnderthännige relation zu thun, was sich mit dem Stamler, dessen auch oben meldungh geschcehen, begeben vnud zugetragen.

So baldt ich gen Londen khommen vnnd, wie obgemeltt, mich alda ettlich tagh nit zuerkhennen geben, hörtte ich über diesch vnnd sonsten von vnderschiedtlichen persoonen einnes Württembergieschen Gesantten, welcher vmb viell hundert stäokh duch ohne zoll in nammen E. F. G. vß Engellandt zu fhüren anhaltten söllto, viellfälttigh gedenckhen. Der eine woltte, es wher ein schimpfflich dingh, das ein Hertzogh von Württembergh vmb ein solches, so Kauffleüthen zustünde, anhaltten solte, der ander gab für, es würde ein falsch vnnd betrugh darhiender sein, vnnd vieleicht durch Kauffleüth vnder solchem schein sein ehr practicirt worden. In summa es wurde täghlich über diesch, vnder der Bürst, vnnd zu hoff (wie ich nachmalen in gewüsse erfharung kommen), so schmeelich, schimpfflich vnud verrächtlich danon gerädt, das es mir ihm hertzen whee gethan, vnnd mich ohngeschlaffen gelegt. Hab also kein rhue gehabt, biß ich vff besseren grundt kheme. Derhalben neben Büwinckhausen in einfelttiger kleidungh ohnbekanter weyß in sein losament zum weyssen schwannen neben dem Hormoldt, so die gelegenheytt gewüst, khommen, in meinung, alß wen wier sonsten durchreyseten, vnnd ein trunckh daselbsten thun wollten. An welchem orth ehr sich dan dazumalen gefunden, vnnd ohngefragt selbßten angezeygt, wie das ehr ihn E. F. G. gescheßten uhunmher in das elffte monat alda gewesen, allein das ehr hierwieschen ein reyß ihn Franckreich, auch auß Commission E. F. G., gethan. Ferner zeygt ehr ahn, das es diese Faßnacht verschiennen ein jhar gewesen, das ehr erstlich von Augsburgh neben einnem Scherttell an Württembergieschen hoff kommen, vnnd zum diennner angenommen worden sey. Were aber daselbsten länger nit alß acht wochen gewesen, vnnd gleich vff Pfingsten von E. F. G. gnädigh alhero abgeferttigt worden. Welche abferttigungh durch den Herren Secretarium Ziegler gescheehen sei, der ihme dan die gewüsse hoffnung vnnd vertröstung gemacht, ehr würde zum längsten in treyen wochen alhie können expedirt werden. Ferner zeygte ehr ahn, ehr were von Augspurgh, vnnd sein vatter were Oberuogt zu Stettenfels gewesen. Vor diesem hatte ehr sich ein Secretarium scheltten lassen, alß ich ihne aber fraget, sagte ehr, hette zwar noch keinen dienst, E. F. G. aber würden ihnne durch diese Commission probieren, vnnd alßdan erst sehen, in was sattell ehr recht sein möchte [1]. Alß ich ihnne weitter ettlicher Württembergieschen diener halben zu rädt gesteltt, wuste ehr gar keinen bescheidt zu geben, woltte Christoph von Degenfeldt etc. nit kennen, Jacob Rhatgeb, sagte ehr, were HoffgerichtSecretarius zu Thüwingen, Capitain Edellknecht sey vor ihme von Londen hienwegh gezogen, hab bey ihr Mt. vmb Kriegshülff angehaltten, aber derselbigen hab nachmals E. F. G. nit bedürfft. Item alß ehr dem grand Thresorier E. F. G. schreiben überantworttet, hab derselbige kein wüssens haben wöllen, wer der Hertzogh von Württembergh sey, also mit schlechtem bescheidt ihnne abgewiesen. Diese vnnd dergleichen viell ohngereumbte sachen gab ehr fhür, ihn gegenwerttigkeytt vnnd beysein zweyer Hässieschen, alß N. von Bernstein vnnd einem Lacqueyen. Alß wier souiell vernommen, sein wier daruon zogen, vnnd die zherung vfm diesch liegen lassen, weyll ehr nit haben woltte, das vnser einner heller oder pfennigh vßgeben soltte, dan ehr zeygte an, der Hertzogh von Württembergh were woll so reich, das er einnem gutten gesellen ein Collation zhalen köntte. Alß wier nun zu hauß kommen vnnd diesem allem nachgedacht, haben wier anderst nit befinden können, dan das sein fürgeben falsch vnnd ohne grundt sey. Weyll nit vermuttlich, das E. F. G. gegen mir solches anwesenten Gesantten, so elff Monat alhie gelegen sein soltte, mit dem wönigsten wortt gedacht hetten, da ich doch durch einnen solchen in ein vnnd den andern wegh gutte anleittung ihn Londen haben khönnen. Zum andern hatt mich der warheit gleich zu sein nit bedunckhen wöllen, das E. F. G. eben an einnem orth vnnd zu einner zeytt solche ge-

---

[1] Von H. Friderich am Rande bemerkt: „Einen Strikh an Hals."

ringe sachen würden solicitiren lassen, da sie doch viell ein mherers vnnd höhers begertten. Zum tritten hab ich mir selber persuadirt, da an solcher Legation etwas soltte gewesen sein, ich woltte bey E. F. G. hoffhalttungh vfs wönigst etwan von einnem dauon gehört haben, da ich doch auch das geringste wortt vernemmen können. Zum vierten hatt ehr sich über solches alles durch sein ohngleich vnnd ohnwharhafft vssagen bey vnnß noch desto mher verdächtigh gemacht. Zum fünfften, weyll zumall bey mäniglichen schimpfflich vnnd spöttlich, das eines Fürsten Gesantten an einnem orth vnnd bey einem Potentaten vf eine zeytt sein soltten, vnnd nit allein einner des anderen gescheft nit wüssen, sondern auch einer des anderen Person nit kennen, noch einer vmb des anderen anwesen wüssen sollen. Vnnd letztlich, ihm fhall gesetzt, seine sachen (welches wier doch bey vnnß nit befinden können) richtig sein soltten, yedoch weyll man in gemein, bey hohe vnnd niedersstandts, so verächtigh vnnd spöttlich hieuon geredt, ehr vnnß auch vast alle fürnemme Herren durch dieses begeren abwendigh gemacht, hatt mich für guth vnnd rhattsam angesehen, da wier anderst gedechten, etwas fruchtbarlichs ihn vnserer Commission vßzurichten, das zuuor diese überzwerche sach abgeschafft vnnd vß dem wegh geraumbt werden müste. Dan gewüßlich solch anhaltten yederman so gar ihm maull gewesen, das auch fürnemme Herren schimpfflicher weyß gefragt, ob ich auch der dücher halben abgeferttiget sey, wie mir dan der Monsieur de la Fontaine vnnd andere nachmalen angezeygt haben. Vß solchen angezoghenen meinnen motiuen vnnd erhäblichen vhrsachen hab ich zum ersten mall, alß ich bey dem Herren Grauen von Essex audientz gehabt, des Stamlers vff volgente manier gedacht: Præterea, Illustris Comes, defertur ad me, esse hic, qui ab Illustrissimo Principe et Domino meo clementissimo non solum ad Excellentiam uestram et Regium consilium, sed etiam apud ipsam Regiam Maiestatem nescio quæ mandata se habere prætendat. Cuius rei cum ego plane sim ignarus, neque mihi persuadere queam, Illustrissimi Principis mandato hæc illum facere, Excellentiam uestram rogo, huic homini ulterior fides non habeatur, priusquam cum se esse, pro quo se uenditat, probet, ac insuper prouideat, ne ille hinc excedere possit, antequam huius facti sui rationem dederit.

So baldt nun solcher Stamler dieses erfharen, ist ehr des andern tags ins losament zu mir khommen, vnnd angezeygt: Ehr hette zwar gesterigs tags vnnß nit kennet, weyll ehr aber ytzo vernommen, das ich F. Württembergiescher abgesantter were, vnnd ehr auch ihn E. F. G. gescheften, hab ehr sich einstellen wöllen, mit begeren, wölle ihme verhülfflich sein, damit ehr desto bälder sein begeren möge erlangen. Alß ich nhun sein Instruction von ihme erfordert, sagte ehr: Wie das ehr keine hett, dan es sey ihme allein ein verschlossen schreiben gegeben worden, welches ehr längst überlüffert, vnnd nit mer bey handen. Sonst aber hette ihn der Secretarius Ziegler abgefertigt, das ehr soll vmb 1000 stückh duch außzufhüren anhaltten. Dieselbige aber soltte der Pfenningmeister zu Embden in ihrer F. G. nammen bezalen. Wan ich dan besorgt, so ehr merckhen würde, das ich ab seinnem thun zweyffeltte, ehr möchte vßreissen, hab ich weitter nit geantworttet, dan allein, weyll mir nichts vmb seinne sachen bewust, köntte ich ihme dariennen nit verhülfflich sein, woltte derhalben mich dessen, so mir nit befholen, auch nit. annemmen; so fern er albie etwas zuuerrichten, möchte ehr seinnem befelch nachkhommen. Daruff ehr daruon gangen. Nichts desto wönniger aber, weyll ich bedenckhens gehabt, ihnne gleich gefängckhlich anzunemmen, hab ich an Herren Grauen von Essex volgenter gestaltt geschrieben:

Illustris Comes, Domine gratiose. Post oblata V. E. mea humilia officia breuiter eidem significare necessarium duxi, hominem illum, cuius heri apud Excellentiam uestram mentionem feci, modo ad me ex improuiso uenisse simulque his fere uerbis mihi locutum: Cum ipsi relatum sit, me Illustrissimi Principis et Domini mei, Ducis Wirtembergensis, Legatum huc aduenisse, ideo quia etiam ipsius Celsitudinis negotia ipse hic tractaret, sui officii esse duxisse, sese apud me indicare, qui communis Principis et Domini nostri negotium sibi commissum, et ipse apud Regiam Maiestatem iuuarem. Id si non fieret, et ipsum expeditum hinc non iri, et in suspicione fore, quasi a Sua Celsitudine missus non esset. Cui ego pro præsenti rei statu aliud non respondi, nec instanti aliud respondere uolui, quam quod, quæ mihi ab Illustrissimo meo Principe mandata essent, ea sola et nulla præterea humillime expedire studerem, ipsius autem personæ eiusve rei, ob quam ipse se missum diceret, cum ego prorsus sim ignarus, nec de ea quicquam in mandatis habeam, eidem me omnino miscere nolle. Ipsum scire, an quicquam illi ab Illustrissimo Principe mandatum foret, in cuius expeditione, si quid sit, me illi impedimento nullo modo fore, credentiæ autem litteris et instructione sua ipsum facile suam personam defendere posse. Plura addere nolui, ne homini suspicionem augerem, nec hæc tacere, ne uera negarem. Nunc igitur Excellentiam uestram rogo, pro sua sapientia et prudentia ita huic rei prouidere uelit, ne, si falsus sit, ille et Regiam Maiestatem et Illustrissimum Dominum meum illuserit, hancque causam omnem Principisque mei negotia et meipsum suo benignissimo fauori commendans.

Daruff hatt ihnne der Graue von Essex etlich tagh hernacher fürgenommen vnnd examinirt, bey dem ehr sich dan höchlich entschuldigt vnnd souiell vorzubringen wüssen, das derselbige mir sagen lassen: weyll ich selber zugegen, woltte ehr mich mit ihme thun lassen, anderst nit, alß wenn E. F. G. selbsten in der Person gegenwerttigh alhie. Vnnd ist gleich hernach mhergemeltter Stamler wieder zu mir kommen vnnd mir volgente Copeyen seinner schreiben überantworttet:

1.

A La Royne d'Angleterre.

Madame. J'ay donne charge et commission a Joachim Jhering, Thresorier a Embden, de m'achepter 1000 pieces de draps en vostre renomme Royaume d'Angleterre pour la prouision et vsage particuliere de ma court. C'est pourquoy ie prie vostre Maieste Serenissime tres humblement, me faire ceste faueur d'ordonner a ces Officiers et aultres ayants charge et commendement de Vostre Maieste librement et sans empeschement laisser passer· le dist Jhering sans luy faire payer payage ou aultre tribut pour le dist 1000 pieces de draps, ensemble ceux que seront commis a cest effect, com' aussi leur prester tout faueur et assistence necessaire, selon la bonne confidence que j'ay de vostre Serenissime Maieste, la quelle m'obligera de tant plus luy demeurer tres humble et tres affectionne seruiteur, ce que sur toute chose ie desire, comme Dieu scait. Et en ceste bonne deuotion ie baise tres humblement les mains de vostre Serenissime Maieste, priant le protecteur uniuersel Vous maintenir, Madame, en saincte et longue vie, et donner a Vostre Serenissime Maieste heureux succes et prosperite en toutes ses entreprises.

De Montbeliart.

2.

A La Serenissime Royne d'Angleterre.

Madame. Ces jours passes j'ai escript a Vostre Maieste et prie icelle de vouloir laisser passer enuiron 1000 pieces de draps, que j'ay inteution de faire achepter par mon commis, Jehan Henry Stamler, hors Vostre renomme Royaume d'Angleterre librement et sans aulcun payage. Et surquoy ie n'ay receu responce. Et pour ce que ie doubte, que la dicte lettre ne soit esté deliure a Vostre Maieste que fort tard, je me suis auise de supplier Vostre Maieste par ceste bien humblement, de me vouloir gratifier en ceste mesme demande, come ie m'asseure, que Vostre Maieste ne ferat difficulte. Ce que m'obligerat grandement, de demeurer le tres humble seruiteur d'icelle, Vostre Maieste, a la quelle je baise tres affectieusement les mains, me recommandent humblement a icelle. Et prie Dieu de donner, Madame, a Vostre Serenissime Maieste perfaicte saincte et heureuse longue vie. De Stutgart ce 12. de Decembre 1594.

De Vostre Maieste

Tres humble affectionne

seruiteur.

3.

A Monsieur le grand Thresorier.

Monsieur. Je ne doute, que Vous ne soyez aduerti de ce que j'ay par ci deuant come mesmement pour ce coup escript et demande humblement a la Serenissime Royne d'Angleterre, de me laisser passer enuiron 1000 pieces de draps hors ce renomme Royaume d'icelle librement et sans aulcun peaige. Et pource que ie scay, que vous pouues beaucoup en cest affaire, ie vous prie bien fort, vous y employer a fin que ie puisse auoir vne bonne et briefe responce, telle comme ie desire. Dont mon commis, le present porteur, ha charge vous faire present de ma part vne chaine d'or pour vos peines, la quelle accepteres, s'il vous plaist, de bon cœur, et en tous lieux, ou j'aurey moyen de recognoistre cela en Vostre endroict, ie suis content de vous gratifier a Vostre contentement de telle volonte, comme apres me affectionnes raccommendations prie Dieu vous auoir, Monsieur, en sa saincte garde. De Stutgard ce 12. de Decembre 1594.

Zeygte dabey an, ehr were zwar nit selber von E. F. G. abgeferttiget, sondern es hette ihn der Pfennigmeister zu Embden substituirt. Derselbige aber were principaliter von E. F. G. hiezu abgeferttiget worden, hette aber seinner geschefft halben die sach selber nit verrichten können. Es were nit vmb des nutzen willen zu thun, sondern das E. F. G. ihnnen solches für ein eher hieltte, wan sies erlangen möchten, sonderlich weyll man yetz so langh angehaltten hette. Es were auch ein Cleinnot wie ein schüff formirt enthalben, das 400 ℔ sterling werth were, solches woltt ehr ihr Mt. in nammen E. F. G. präsentieren, hoffte daruff sein begeren zuerlangen. Dadurch ehr vnnß dan seine sach noch mher suspect gemacht.

Es wurde mir aber vom Grauen von Essex zugesagt, woltte mir die originalia seinner schreiben zu wegen bringen. In mittler weyll hab ich ihnne Stamler (weyll mir angezeygt, ehr woltte ein pferdt kauffen) auß rhatt des Monsieur Fontaine heimlich verhütten lassen, mit befelch, da man spüren würde, das ehr flüchtigen fuß setzen woltte, ihnne gefengcklich anzunemmen. Ist mir also über ein zeyttlangh das Original des ersten schreibens zukommen, die andern aber hab ich nit haben können. Welches datirt den 20. Februarii Anno 94, vnnd war vnderschrieben:
De Vostre Serenissime Maieste
Tres humble et tres affectionne
Seruiteur
Friderich Duc de Wirtemberg
Montbeliard. m. p.

Weyll nun dieses schreiben Sigil nit vnrecht, auch E. F. G. handt bey mir etwas glaublich gewesen, hab ich ihn weitter nit dürffen angreyffen lassen, aber weyll ich gleichwoll gäntzlich darfür hieltte, das die sach nit durchvß richtigh, sondern solch schreiben vieleicht vff andere wegh chrpracticirt sein möchte, welches ich dan vß obangezogenen vhrsachen nothwendigh also schlüssen müssen, sonderlich auch, weyll das datum diß brieffs falsch, vnnd vß 93 94 gemacht worden, auch E. F. G. vmb dieselbige zeytt nit zu Mümppelgardt gewesen, wie mir dan auch das ander Datum vß Stutgartten verdächtigh, weyll vmb dieselbige zeytt E. F. G. nit daselbsten, sondern wegen sterbsleüffen anderst wo ihm landt gewesen. Derhalben hab ich solchen Stamler für mich kommen lassen, vnnd ihme alle sachen mit ernst fürgehaltten. Nämblich, wie ehr zum erstenmall viell ohnwharheitten fürgeben, auch nachmalen in seinnen

eygnen reden ihme wiederwerttigh gewesen, auch das ich das datum
verfälscht gefunden. Daruff ehr angefangen vnnd bekant, es gienge
zwar solche sach E. F. G. nit abn, sondern es hette der Secretarius
Ziegler solche gnadt von derselbigen vßgebetten, giengen also yetzo
alle costen auff ihnne, vnnd so ich ihme nit verhülfflich sein würde,
kön gescheehen, das solche gnad ihme mher zu schaden alß nutzen
gereichen möchte; das ehr aber hieuor anderst fürgeben, solches
were alles zum schein gescheehen. Dan weyll seine sach bey
mäniglichen für verdächtigh vnnd suspect gehaltten, hab ehr solche
woll müssen verblümmen, so gutt ehr gekontt; die datum aber der
letzten brieff weren wegen weitte des weghs ihn December gesetzt,
damit sie nit zu altt würden, ob sie woll langh zuuor von der F.
Württembergieschen Cantzley abgangen; so were der erst brieff
anno 93 datirt, weyll ehr aber verlegen, hette man vß 93 94 ver-
endert. Alß ich mich nun hieruff bedacht, vnnd gäntzlich befunden,
das diese sachen E. F. G. nit angheen würden, hab ich für hoch
nothwendigh gehaltten, das zuuerhüttung vieler nachtheiligen reden,
so vom hoffgesiendt vnnd kauffleüthen weitter möchten getrieben
werden, auch zuerhaltungh E. F. G. hohen Fürstlichen reputation,
diese sach verbleibe, vnnd für dißmal hienthan gesetzt werde. Doch
weyll E. F. G. handt vnnd sigill verhanden, hab ich nichts thättiges
oder schwerers wieder ihnne fürnemmen khöunen, sondern ihnne
abermalen beschücktb vnnd diesen endtlichen bescheidt geben: Es
weren seinne fürgeben so wiederwerttigh, das ich weder dem einnen,
noch dem anderen weitter glauben köntte, sonderlich, ohnangesehen
das ehr gewüst, das ich E. F. G. Gesantter, dannoch die gantze
zeytt bißhero vff dem verharret, alß wenn es E. F. G. selbsten an-
treffe; so köntte ich auch seinnem letzten fürgeben nit glauben
zustellen. Dan E. F. G. so gutte mittell, derselbigen verdiente
diener selbsten mit gnaden zu ergetzen, das sie gar nit von nötthen,
dieselbige vff andere Potentaten zuuerweysen. Befhale ihme also,
ehr soltte sich weitteres solicitierens gäntzlich entbaltten, biß so
lang vnnd viell E. F. G. ich dieser sachen halben vnderthännig be-
richtet hette. Welches ehr mir verheyssen vnnd angezeygt, ehr
wölle sich wieder nach Embden begeben vnnd daselbsten E. F. G.
gnädige resolution erwartten. — Alß ich aber yetzo baldt verreysen
sollen, würt mir durch des Herren Grauen von Essex Secretarium,
Wotton, angezeygt, es where gemeltter Stamler noch vorhanden

das Heylige Landt vff einnem hohen bergh, ist ein Insell, dariennen viell fiescher whonnen, gehört dem Hertzogh von Holstein, vnnd ist 6 meill wegs von der Elb gelegen. Ferner sahen wier vff der rechten handt ein vhestung vornen an der Elb, das Newewerkh genant, vnnd volgents vff dieser seitten ein Schloß Rützebüttel. Es gehören aber bede vhestungen den Hamburgern zhu. Von Grauesenda 8. biß an die Elb werden hundert meilen gerechnet. Von dem ostio Albis, oder dem orth ahn, da die Elb ins mheer fleüst, vhast biß gen Hamburgh sein bey 24 thonnen von den Hamburgern, so an grossen eysernen ketten schweben, ins mheer geordtnet, den schöffleüthen zum besten, danach sie sich zu richten haben, vnnd also wüssen können, vff welche seitten sie sich halten sollen, damit sie nit in gefhar khommen. Vff der rechten seitten hetten wier ferner das landt zu Holen, gehört Hertzogh Frantzen von Sachssen zhu, dariennen wier sahen ein schloß, Aterndorff genant. Vff der linckhen aber hetten wier das landt Dietmarß, Brunßbüttell. Volgents vff der rechten scitten das landt des Bischoffs von Bremen, biß gen Hamburgh: würt genant das landt zu Kedem, in welchem eyttel Edelleüt vnnd keine bauern sein sollen. Nachmals vff der linckhen des Hertzoghs von Holstein landt. Ferner vff dieser scitten hatt Graff Adolph von Schauenburgh sein landt, alßdan ist es wieder holsteinniesch. Vff der rechten seitten hetten wier alßdan Stada, ein Kauffstättlin, da die Engliesche anfhardt ist.

Den 28. hetten wier früe gegen tagh Alttorff vff der linckhen, welches dorff dem Grauen von Schauenburgh zugehörigh, alda ehr auch müntzen lest, vnnd allerhandt werckhleüth sitzen hat, ist allernechst bey Hamburgh gelegen. Vff der rechten aber sahen wier das schloß Horburgh, da Hertzogh Otho von Braunschweigh vnnd Lünenburgh hoff heltt. Kamen also umb sechs vhren zu früer taghzeytt gen Hamburgh. Vnnd ob wier woll vermeinten, alda vnserem schüffman die 8 ℔ sterling nit für gantz zu bezalen, weyll wier keine pferdt gehabt, so beschweret ehr sich doch sheer des arrests, vß welcher vhrsach ehr viell verzert, vnnd vnsert wegen der verseümnüß halben ihn schaden khommen.

Was aber den wexel vff Hamburgh anlangt, sein wier albie etlich tagh vffgehaltten worden, biß wier den Kauffman Geylenkürchen dahien vermöcht, das er solchen wexel acceptirt. Doch weyll der termin vff den 12. July kurtz, vnnd wier albereit langh zwieschen hie vnnd Londen vnder wegen gewesen, hab ich souiell zu wegen bracht, das E. F. G. solch geltt vff bestiembten termin nach Nürnbergh an Görgh Gwandtschneider mögen verschaffen.

Was nun den Englieschen wagen sambt anderen vnseren Vellissern vnnd zugehörungen betrifft, weyll wier solchen zugleich mit vnnß zu fhüren gelegenheyt nit gehabt, vnnd deßwegen mit grossen vncosten hetten mögen gehiendert werden: hab ich mit einnem schüffman gehandelt, solchen vff der Elb biß gen Magdenburgh zu lüffern. Vnnd damit solches desto sicherer geschee, vnnd ich desto minder sorgh haben dürffte: hab ich des Spiellmans vetter Renatum Angelberger bey solchen sachen gelassen, sonderlich weyll ich von ermelttem Spiellman angesprochen vnnd gebetten, solchem seinem vettern verhülfflich zu sein, damit ehr mit vnnß in Teütschland herauß khommen möchte.

Den letzten May sein wier zu Hamburgh, nachdem alles mit dem wexel richtig gemacht, auch die anordtnung des wagens halben gescheehen, vff gewesen, vnnd sein über nacht geblieben zu Altisloe.

Den ersten Juny sein wir gen Lübeckh kommen, von Hamburgh alhero werden zehen meill wegs gerechnet.

Den anderen Juny zu mittagh zu Mhülen, einnem Stättlin, sein vier meill wegs, alda der Eylenspiegell begraben. Zu nacht zu Atlenburgh, sein auch vier meill, sein alhie über die Elb gefharen. Ehe wier aber alhero kamen, sahen wier nhae hiebey Lauenburgh, da Hertzogh Frantz hoff heltt.

Den 3. Juny über die Metz, zu mittagh zu Lünenburgh, sein 7 meill. Zu nacht zu Alendorp, 3 meill, ist ein baurenhoff.

Den 4. gen Saurborckh zu mittagh. Zu nacht in ein fleckhen Cambßhem, zogen diesen tagh 8 meill wegs.

Den 5. gen Braunschweigh, 4 meill. Zu nacht zu Wolffenbüttell, ein meill.

Den 6. khamen wier an das dorff, da Eylenspiegell geboren, Knetlingen genant. Zu mittagh zerbrach vnnß ein radt zu Langleben, einem schloßlin im waldt gelegen, einem von adell, Heinrich Schenckh genant, zugehörigh. Welcher vnnß ferner vortgeholffen vnnd die suppen mittgetheilt hatt. Zu nacht khamen wier gen Helmstatt; sein von Wolffenbüttell 6 meill wegs.

Den 7. zu Erckhsleben zu mittagh, zu nacht zu Magdenburgh, sein 6 meill, blieben alhie sontags den 8. Juny. Weyll vnnß aber angezeygt wurde, das für dißmall die Elb nit überigh wasser, auch die vergangne tagh der wiendt von Hamburgh nit guth gewesen, also das zu besorgen, das der wagen sambt anderer zugehör so baldt nit ankhommen möchte, so hab ich albie mit grossem vncosten desselbigen nit erwartten wöllen, sondern mit dem würth zum güldenen arm hienderlassen, das ehr mir solches alles biß gen Leiptzigh (sobaldt es immer ankomme) an Adrian Freündt verschaffen wölle.

Den 9. gen Zerbst, zu mittagh, 5 meill, vnnd weyll wier diß tags kein fernere fhur haben können, sein wier albie verharret.

Den 10. zu Coßwickh, einnem fleckhen, 4 meill wegs. Zu nacht zu Wittembergh, 2 meill. Den 11. sein wier zu Wittembergh geblieben, vnnd Doctor Hunium, Pfarherren daselbsten, (welcher von Winniden bürttigh) wegen der landtsmanschafft zu gast gehabt.

Den 12. wieder vff zu mittagh zu Dieben, 4 meill. Zu nacht zu Leipttzig, auch 4 meill. Alda hab ich abermal bei Adrian Freündt hienderlassen, ehr wölle den wagen vfs ehest als müglich, so baldt ehr ankhomme, nach Nürnbergh verschaffen, vnnd des fhurlons halben accordieren, so nhae ehr khönne; so wölle ich dessen in Nürnbergh bey Herren Görgh Gwandtschneider erwartten, weyll ich ohne das daselbsten zu thun hette.

Den 13. biß gen Litzen, ein Stättlin, gehört dem Bistumb Merßburgh, sein 3 meill.

Den 14. zu mittagh zu Nawenburgh, 4 meill, vnnd zu nacht zu Gena, 3 meill.

Den 15. zu mittagh zu Rudelstatt, da Graue Albrecht von Schwartzburgh hoffheltt, 4 meill. Zu nacht zu Greuenthall, da einer von Bappenheimb sich heltt, liegt ihm Thüringer waldt, sein 3 meill.

Den 16. wieder durch den Thüringer waldt, zu mittag zu Newstettle an der Heydt, 4 meill. Zu nacht zu Koburgh, 2 meill.

Den 17. zu mittagh zu Radelßdorff, 4 meill, alßdan durch den Meyn. Zu nacht zu Bambergh, 2 meill.

Den 18. zu Beyersdorff, 5 meill, zu mittagh, vnnd zu nacht zu Nürnbergh, 4 meill. Alda haben wier erstlich einkeret bey dem Bitterholdt, vnnd nachdem ich daselbsten wegen des Engliesschen vnnd Hamburgieschen wexels die sach vff gutte wegh bracht, aber nit erachten können, das innerhalb wönnig tagen der Engliesch wagen vnnd anders ankommen möchte, welches ich doch gern erwartten wölles, so bin ich zuuerhüttung grössers vncostens mit meinen zugethannen vnder dessen zu meinem Brudern Carll Breüning vff Kröblitz ihn die Öbere Pfaltz den 21. Juny verreyset, ihn Nürnbergh aber hienderlassen, so baldt der wagen vnnd anders ankhomme, mich bey eygnem botten zu auisiren, damit ich alß dan ein endtschafft an meine reyß machen könne. Den 29. Juny aber bin ich wieder gen Nürnbergh kommen, vnnd alles durch gemeltten Renatum woll gelüffert befunden. Zu Nürnbergh aber wurde wegen E. F. G. vnnß alle eher erzeygt, das zeüghauß gewiesen, wein ins losament verehrt, vnnd vom Rhatt ein gastung vff der stuben gehaltten. Vnnd weyll ich meine geschwistrige ihn der Obern Pfaltz vnnd Nürnbergh ihnnerhalb 12 iharen nit gesehen noch besucht, wurde ich von ihnnen etwas vffgehaltten. Alda hab ich die anordtnung gethan, das durch Görgh Gwandtschneidern, burgern daselbsten, die zwen wexel der 400 Kronnen, welche zu sambt dem vfwexel thun 670 gulden 11 groschen, vff den 12. July sollen bezalt werden. Darüber mir gemeltter Gwandtschneider noch ein hundert gulden, welche mir an der zherung abgeloffen, zugestellt. Also das solche gantze summa der 770 gulden 11 Bhömischen groschen von E. F. G. mit ehestem wiederumb sollen mhergemelttem Gwandtschneider gnädigst zugeordnet werden. Wie ich mich dan hiemit vnderthännigh anerbiette, solcher summa, wie auch des zu eingang meinner Reyß empfangenen geltts halben ordentliche vnnd gebürliche Rechnung E. F. G. mit ehestem zu übergeben.

Den 3. July nach mittagh zu Nürnbergh wieder vff. Zu nacht zu Wiußbach, 4 meill.

Den 4. zu mittagh zu Wückmanßmhüll, 4 meill. Zu nacht zu Elwangen, 3 meill.

Den 5. zu mittagh zu Vnterbebingen, 3 meill. Zu nacht zu Schorndorff, 3 meill.

Den 6. hab ich vß allerhandt vhrsachen die gutschen zu sambt dem Englieschen wäghlin nach Buochenbach volgents khommen lassen, ist ein meill. Alda ich diß tags mit meinen zugeordtneten verblieben.

Den 7. gen Stuttgartten, zwo meill.

Haben also E. F. G. vsser dieser meinner vnderthännigen Relation vßfhürlich vnnd nach längs gnädigh zuuernemmen: Ob woll E. F. G. durch mein mittel für dießmall dasihenige endt vnnd ziell, dahien ich mich vnderthännigs vleyß gestreckth vnnd gearbeittet, nit erlangen mögen, das dannoch der fheell an mir keins wegs gewesen, sondern das ich nach eüsserstem meinem vermögen, souiell mir menschlich vnnd müglich, an meinem getrewen ohnuertrossenen dienst vnnd embssigen vleyß nichts erwinden lassen. In massen ich dan E. F. G. hierinnen vnderthännigh die obstacula vnnd impedimenta für augen gestellt, vmb welcher wüllen E. F. G. werbung für dißmall nit statt haben können.

Alß nämblich vnnd zum ersten, vermögh ihr K. Mt. Credentzschreiben vnnd dieser meinner Relation, weyll beden Könnigen ihn Franckhreich vnnd ihn Schotten die Jartiere, ohnangesehen sie eligirt, noch nit überschückth worden. Welches doch, souiell ich verstanden, ihn kurtzer zeytt gescheehen soll, in massen albereit dieihennigen Personnen, so solche insignia zu präsentieren, dazu deputirt sein sollen.

Fürs ander: ob schon die sach an ihr selbst richtigh, vnnd solch impedimentum nit ihm wegh gestanden, so hatt doch der Stamler wegen seinner Kauffmanschafft die fürnämbsten Herren mit seinnem vertrüßlichen solicitieren vnnß abalicuirt, welches dan gleich zu meinner ankompfft zu beförderung der sachen ohntauglich gewesen, also das man zu thun gehabt, biß man ein vnnd den andern wieder vff gutte bhan gebracht.

Zum tritten: weyll alles durch den grand Thresorier ghcen muß, ist nit ein geringer fheell begangen worden, das ihme in specie hierunder kein schreiben zukhommen.

So hat es auch zum viertten nit wönnigh an besserer relation vnnd gründtlichem bericht des vorigen abgesantten, nämblich des Edellknecht, ermangeltt, also das desselbigen orths ein grosser mißuerstandt mit vndergeloffen. Wie E. F. G. abermals sonder allen zweyffell vß ihr Mt. Credentzschreiben vnnd meinner anderen audientz werden gnädigh zuuernemmen haben.

Vnnd dan zum fünfften hab ich souiell gespürt vnnd ihn gewüsse erfharung gebracht: Ob E. F. G. schon noch trey jhar nacheinander oder noch länger yedes ihars einmall mit grossem vnnd schwerem costen ein bottschafft abordtnetten vnnd dazwieschen die sachen erleschen liessen, oder durch schreiben nit embssigh, ehe die zeyt vnnd tagh S. Görgen wieder herzu kheme, stettigs solicitirten, das durch solche bottschafften E. F. G. nit gehollfen, sondern alles verspieltt were, also das mit stettigen schreiben correspondentz dieß orths zu hallten. Derhalben, gnädiger Fürst vnnd Herr, weyll für dißmall bey ihr K. Mt. vnnd allen den fürnämbsten Herren diese sach gewüßlich mheer alß hieuor nhie getrieben, embssigh solicitirt, vnnd ihn gangh bracht worden, so hab ich nottwendigh vor meinnem verrucklien in Londen vleyssigh nachforschung gehabt, vff was mittell vnnd wegh E. F. G. in künfftigen möchte diß orths vnderthännigh geholffen vnnd gerhatten werden. Daruff ich volgenten vnderthännigen meinnen bericht thue:

Nämblich vnnd zum ersten: Weyll ohne das, wie oben angeregt, die notturfft erheischen wűll, das ohne eingestellt vnnd allen verzugh des Stamlers halben dem Grauen von Essex, wessen ehr sich zuuerhaltten, geschrieben werde, so ist des Monsieur de la Fontaine (der sonsten ein geschwinder vnnd anschlägiger kopff) gutterachten, das E. F. G. sich gegen demselbigen Grauen seiner gehabten mhűe vnnd gutter affection, damit ehr E. F. G. zugethan, alsobaldt gnädigh bedanckhen, solch zuschreiben aber nachmalen continuirten, vnnd vmb beförderung der sachen mit yeder besten gelegenheyt anhieltten; die brieff aber soltten ahn ihnne Fontaine adressirt werden, dannenhero ehr wölle vhrsach nemmen, das seinnige auch dabey zu thun, vnnd nichts vnderlassen, so an ihme stheen vnnd ehr vermögen werde. Vnnd weyll Monsieur Sydenay mit dem Grauen von Essex in guttem vertrawen vnnd correspondentz, khönne nit schaden, das yedesmals an denselbigen ein klein briefflin gleiches inhalts abgienge, damit auch ehr zugleich den Grauen von Essex in eysen lege vnnd ohne vnderlaß anhieltte. Vnnd vermeint Monsieur Fontaine, da man diesen wegh vor diesem gebraucht, das viell vhncosten erspart, die sach heimblicher gehaltten, vnnd mher vßgericht werden khönnen. Weyll aber mhergedachter Monsieur Fontaine des Grauen von Essex humores (alß mit dem ehr viell zu thun vnnd zu conuersiren hatt) bekant, hab ich mich bey ihme erkhűndiget, ob es statt haben vnnd zu beförderungh der sachen dienlich sein würde, da E. F. G. dem Grauen ein verehrung mitlauffen liessen. Der zeygt mir an, das dieser Graue mheer ehren alß gellt vnnd guth nachfrage, damit ehr seinnen nammen auch bey den teütschen Fürsten bekant zu machen beghere; doch da vnderweylens ein fein pferdt oder etwas seltzams vnnd ohngewonts, so zu der rüstung vnnd der where dienlich, geschücktb würde, soltte solches vieleicht nit ohnangenem sein. Vnnd wie ich vernommen, möchte nichts angenemmers verehrt werden, alß ein schönne wollgemachte gantze rüstungh, so zu sein des Grauen von Essex leib accomodirt. Wie ich mich dan versehe, das in kürtze mir das maß der grösse vnnd weitte solle zugeschückth werden. Was dan des Grauen von Essex Secretarium, Signor Wotton, (mit welchem ich auch kundtschafft gemacht) belangt, mit dem hab ich hienderlassen, yedesmals ihme in specie derenthalben zuzuschreiben, dagegen hatt ehr mir versprochen, allen vleyß bei seinnem Herren anzuwenden, solche sach zu solicitiren.

Zum anderen war Herrn Johan Spiellman (welcher bey der K. Mt. in sondern gnaden, von ihr nobilitirt vnnd mit landtgüttern begabt) meinung vnnd guttbedunckhen nit wönniger: Weyll durch mich ytzo vfs new an ihr Mt. hoff diese sach in gangh bracht, auch daneben zu bedenckhen, das ihr K. Mt. hohes alttere vnnd übernächtigh, das mans nit hiebey versitzen, noch also erleschen lassen soll, sondern mit vleyssigem solicitieren vnnd anhalttem ohnuerzugentlich daruff truckhen. Welches seines erachtens also am fügliehsten gescheehen köntte: Nämblich das bey demihennigen, den E. F. G. des Stamlers halben notwendiglichen abordtnen würden, ehr für sein Person von E. F. G. heruß beschrieben. Doch weyll ehr ihr K. Mt. mit diensten verhafft, würde die notturft erfordern, das E. F. G. ihme durch ein abgesöndert schreiben bey ihr Mt. erlaubnüß vß- brechten, ohnuermert vß was vhrsachen solches geschee, wie ehr dan nit zweiffele, das vf solchen wegh ihr Mt. ihme leichtlich erlauben würden. So wölle ehr sich dan ohnuerzugentlichen zu E. F. G. vnderthännig verfügen, vnnd wie den sachen zu thun, selbsten vmbständlich derselbigen referriren vnnd gutte anleittung zu beförderung der sachen zu geben wüssen. Köntto auch bey demselbigen abgeordneten botten nit schaden, ob schon ein klein dancksagung der gehabten mhüe an den grand Thresorier vnnd Robert Cecill auch mitgiengh, mit begeren, das sie ihnnen diese sach auch in künfftigem woltten befholen sein lassen. Damit aber solches mit besserer occasion gescheehen möchte, köntten ebenmässigh E. F. G. des Stamlers sach an die handt nemmen, vnnd das überige alß ein appendicem anhänckhen. Alles dahien angesehen, damit man ihme Thresorier zum freündt behültte, vnnd ehr in künfftigem mher vhrsach, E. F. G. werbungh zu befürderen alß zu hiendern. Solche schreiben wölle ehr alßdan selbsten an gebürenté orth verschaffen, vnnd was zur sachen dienet, daneben weittleüffiger mündtlich E. F. G. zum besten vermelden. Ihme Spiellman hab ich auch der sachen halben bey angedeütter gelegenheyt selbsten zu schreiben versprechen müssen. Vnderwegen aber felt mir zhu, das E. F. G. durch keinnen besser, erwünschter, vnnd geheimmer, auch mit mindern vncosten solche botschafft vornemmen vnnd enden möchten, alß durch obgemeltten Renatum, des Spiellmans vettern. Welchen ich ich deßwegen angeredt, auch E. F. G. vnderthännigh zu wüllfharen bewegt habe, ob ehr woll sein datum für dißmall anderstwohin gesetzt, also ihnne volgents von Nürnbergh vß zu E. F. G. vß solchen vhrsachen bringen wöllen. Ist der Englieschen sprach erfharen vnnd hatt sich bey 3 iharen bey seinnem vettern Spiellman vffgehaltten, nüchtern, vnnd ihn anbefholenen sachen geulässen. Derhalben ihme besser alß einnem andern zu trawen.

Diß alles hab E. F. G. ich in aller vnderthännigkeytt nit verhaltten, sondern mein gantze reyß vnnd mir anbefholene werbung vnnd verrichtungh E. F. G. schrifftlich übergeben wöllen vnnd sollen, wie nit wönniger mein einfalttigh gutbedünckhen trewlich vnnd vnderthännigh anzeygen, vnderthänniger hoffnungh, E. F. G. werden solches alles in gnaden vernemmen vnnd verstheen. Vnnd da über solche meine vnderthännige Relation E. F. G. in ein oder mheer puncten weitters berichts begheren würden, wüll ich mich dazu yederzeytt vnderthännigh erbotten haben. Vnnd thue E. F. G. mich hiemit neben anerbiettung meiner yederzeytt vnderthännigen, ohngesparten vnnd geulüssenen diensten zu gnaden befhelen, derselbigen glückliche langhwürige Regierungh wünschent.

E. F. G.

                            Vnderthänniger
                              Gehorsammer

                                    H. J. Breüning von vnnd zu
                                    Buochenbach m. p.

Rechnung

Mein Hans Jacob Breüning etc. alles Einnemens vnnd Vßgebens bey der Englieschen Reyß, so woll an zherungh alß was für mein gnädigen Fürsten vnnd Herren ich vnderthännig einkaufft.

Einnam.

Item vom Herren Jacob Rhatgeben, Chammer-Secretario, hab ich zu Kürchen vnder Teckh empfangen 149 doppelt Kronnen, darunder 70 Italieniesche, vnnd die anderen 79 Spanniesch; hab aber die Italienieschen zu Londen höher nit vßbringen können, alß vmb 11 schilling 4 denare, thut hiegiltiger wherung 3 gulden 3½ bazen; die Spannieschen vmb 11 sch. 9 d., thutt 3 gld. 2 bz. Also das diese 149 doppeltte Kronnen thun	459 gld. 1 bz. 1 creützer.
Item dazumalen an Franckhen empfangen 100 thaler	120 gld.
Item 400 Kronnen, so ich zu Londen vßgenommen, thun mit dem vffwechsell	670 gld. 8 bz. 1 cr.
Item weitter zu Nürnbergh empfangen	100 gld.
Welche 770 gld. 8 bz. 1 cr. den 12. verschiennen July durch Herren Görgh Gwandtschneider ihn Nürnbergh wegen E. F. G. sein bezalt worden, darumb von E. F. G. oder derselbigen factor mit ehestem wieder zu befriëdigen.	
Summa alles Einnemens:	1349 gld. 9 bz. 2 cr.

Außgab.

Erstlich ihm hienein Reysen:

Den 5. Martii ao. 95 zu Bleydelsa über nacht	6 gld. 4 bz.
Den 6. über den Necker zu fhühren	4 bz. 2 cr.
Zu Güglingen zu mittagh verzert	2 gld. 13 bz.
P. Fuchs von Marbach mitlon für seinne pferdt	1 gld. 5 bz.
Zu nacht zu Michafeldt	5 gld. 2 bz.

Außgab.

Den 7. zu mittagh zu Reinhausen . .	4 gld.		
Alda den treyen bauren von Bleydelsa, welche allzeit mittgeloffen, für ihre trey pferdt	1 gld.	7 bz.	2 cr.
Über Rein zu fhüren	1 gld.	2 bz.	
Zu Speyr verzert sambt der prouision vff den nachen	12 gld.		
Dem schüffman vff die handt . . .	1 gld.	5 bz.	
Den 9. zu Ladenburgh verzert . . .	2 gld.	3 bz.	
Dem botten		4 bz.	
Dem Kercher von Ladenburgh biß gen Lambarten	2 gld.		
Zu Lambarten über nacht verzert .	3 gld.	6 bz.	
Den 10. dem schüffmann von Lambarten biß gen Wormbs		8 bz.	
Zu mittagh zu Hülsen	2 gld.		
Dem gutscher von Wormbs biß gen Mäntz	6 gld.		
Item zu Hülsen einnem, so vnnß mit zwey pferdten ein stückh wegs fürgespant .	1 gld.	3 bz.	
So hatt der Hans Eplin, so bey der gutschen blieben, alß sie besteckth, verzert		10 bz.	
Vff den abent gen Mäntz, vnnd sein alda geblieben den 11. Martii vnnd den 12. biß vff den mittagh, haben alda verzert sambt der prouision vff das schüff . . .	10 gld.	10 bz.	
Den 12. vff die nacht gen Poppart verzert	4 gld.	5 bz.	
Den 13. zu nacht zu Bonn . . .	3 gld.	12 bz.	
Dem schüffman von Mäntz biß gen Cöln	6 gld.		
Den Soldaten, so vnnß früe das thor eröffnet		8 bz.	
Den 14. sein wier gen Cöln zeytlich kommen, sein alda geblieben trey gantzer tagh vß vhrsachen, wie in der Relation gemeldet, alda verzert sambt der prouision, so wier zu vnnß vff das schüff genommen, damit wier volgents zu mittagh nit anländen, noch etwas verzheren dürfften . .	17 gld.	3 bz.	
Den 17. zu nacht zu Rurorth . . .	3 gld.		
Den 18. zu nacht zu Schenckhenschantz .	5 gld.	3 bz.	

Außgab.

Den Soldaten verehrt		5 bz.
Den 19. zu Wūckh	4 gld.	3 bz. 2 cr.
Den 20. zu Külenburgh	1 gld.	
Vff die Nacht gen Dortbrecht . .	4 gld.	2 bz. 2 cr.
Item dem schūffman von Cöln biß gen Dortbrecht	20 gld.	
Dan wier ein eygen schūff genommen zu Dortbrecht für prouiant biß gen Mittellburgh	5 gld.	
Dem schūffman von Dortbrecht biß gen Mittelburgh	4 gld.	
Den schūffknechten trinckgeltt . .		6 bz.
Den 22. zu Mittellburgh verzert . .	3 gld.	10 bz.
Dem botten, so die vellins getragen diesen abent gen Flüssingen		8 bz.
Item zu Flüssingen der wescherin .		8 bz.
Vnnd seindt ohne diesen abent alda geblieben, vnnd einnes gutten wiendts erwarttet 3 tagh vnnd haben alda selb viert verzert sambt der prouision, so wier vff das schūff einkaufft	16 gld.	10 bz. 2 cr.
Den 26. kamen wier gen Grauesenda in Engellandt.		
Dem schūffman von Flüssingen biß in Engellandt bezalt	10 gld.	
Über nacht zu Grauesenda verzert 8 sch. thut	2 gld.	2 bz.
Dem schūffman, so vnnß gen landt gesetzt		4 bz.
Den 27. von Grauesenda bis gen Londen zu fhūren	1 gld.	1 bz.
Beim weyssen Beeren verzert . .	3 gld.	3 bz.
Item Hans Heinrich Stamler 9 tagh zuuerwachen, den tagh 1 Kronnen, weyll ich besorgt, das ehr möchte vßreissen; thut 9 Kronnen	14 gld.	6 bz.
Item den 28. Martii bin ich selb viert bey dem Priart, einem Frantzosen, an diesch		

Außgab.

f. 8 ~

angestanden, alda gelegen 7 wochen, in welcher zeyt wier vermögh beygelegtes zettelß verzert haben 116 frantzösiesche Kronnen vnnd 10 schillingh, die Kronne zu 6 schilling gerechnet . . . . 188 gld. 4 bz.

Item so wurde noch zum abschiedt, nachdem allerdings abgerechnet, verzert 26 sch., thut . . . . 6 gld. 14 bz.

Item in die küchen vnnd dem knecht ihm hauß zur Letze verehrt 12 sch. . . 3 gld. 3 bz.

Item der K. Mt. Trommettern, so vnnß empfangen, alß wier erstlich ankommen, 2 Kronnen, thut . . . . . 3 gld. 3 bz.

Item ihr Mt. Heroldt vnnd acht Trommettern, so nach St. Görgen Fest zu vnnß kommen, auch 2 Kronnen . . . 3 gld. 3 bz.

Item die gantze zeyt, so wier ihn Londen gewesen, vff der Teims gen hoff vnnd Grünewitz, oder auch den anderen Herren zu fharen, welches vhast täglich gescheehen müssen, dan vnnser losament weitt entlegen gewesen, 8 Kronnen, thutt . . 12 gld. 12 bz.

Item der K. Mt. schüffleüthen an dem tagh S. Görgen, welche vnnß gen hoff gefürt, 2 Kronnen verehrt . . . . 3 gld. 3 bz.

Item ihr Mt. vnnd des Grauen von Essex gutschern, so vnnß zu vnderschiedtlichen malen gen hoff gefürt, 3 Kronnen . 4 gld. 12 bz.

Item dem vertriebenen Bischoff von Philopopoli vß Græcia, so mich alß E. F. G. gesanten angesprochen, 3 sch. . . 12 bz.

Item für das Sigell an dem K. Paßport dem Secretario 2 Kronnen . . . 3 gld. 3 bz.

Item alß ich die Copia des Credentzschreibens begert, verehrt 1 Kronnen . . 1 gld. 9 bz.

Item einnem anderen des Grauen von Essex Secretario für ein einlaßbrieff in ihr Mt.

Außgab.

heüsser 1 Kronnen ...	1 gld.	9 bz.
Item des Admirals Secretario für das schreiben, in dem vnnser schüffman arrestirt worden, 3 sch.		12 bz.
Item einnem Frantzosen capitani Comber genant, den wier zu allerhandt verrichtung vnnd hien vnnd hero schückhen zu den fürnämbsten Herren gebraucht, zu vnnserem abreisen verehrt 6 Kronnen ..	9 gld.	9 bz.
Alß man vnnß der Könningin kleider vnnd cleinotter gezeygt, verehrt 1 Engellotten, thut	2 gld.	10 bz.
Item alß wier die silbern häfen in der küchen zu Wittehall gesehen, verehrt .	1 gld.	9 bz.
Wie ich die erste audientz gehabt, den Pörtnern am thor verehrt 1 Kronnen .	1 gld.	9 bz.
Item die gantze zeyt, alß wier ihn Londen gewesen, der wescherin nach vnnd nach für vnnß vier bezalt 4 Kronnen 3 sch. thut	7 gld.	3 bz.
Item alß ich vermögh meinner Relation selb siebent ‚vff ihr K. Mt. heüsser verreyset, die erste mallzeyt zu Küngsthon 14 sch., thut	3 gld.	11 bz.
Zu Hantecourt verehrt dem Gentilman 2 Kronnen	3 gld.	3 bz.
Im gartten 7 sch.	1 gld.	13 bz.
Dem thorhütter 3 sch.		12 bz.
Zu nacht zu Otlandt, ist ein Jhaghauß in einnem thiergarten gelegen, verzert 14 sch., thut	3 gld.	11 bz.
Das hauß zu besehen dem Burghvogt 4 sch., thut	1 gld.	1 bz.
Zu Winsor verzert zu mittagh 15 sch., thut	4 gld.	
Dem Burghvogt 1 Kronnen ...	1 gld.	9 bz.
Der Frawen, so die Tapetzerei, Paradißvogell vnnd Einhorn gezeygt, 1 Kronnen	1 gld.	9 bz.

Außgab.

In der Kürchen 3 sch.		12 bz.
Zu nacht zu Stein verzert 15 sch. .	4 gld.	
Item zu Nanschwitz verehrt 2 Kronnen	3 gld.	3 bz.
Item zu Küngsthon zu mittagh verzert 21 sch.	5 gld.	9 bz.
Item zu Richmond verehrt 1 Kronnen . .	1 gld.	9 bz.
Item dem schüffman, welcher vnnß vff die heüsser hien vnnd hero gefürt, 4 Kronnen, das thut	6 gld.	6 bz.
Item für pferdt von Küngsthon nach Nanschwitz, 1 Kronnen 1 sch., thut . .	1 gld.	13 bz.
Item für das muster der Cammin 3 sch.		12 bz.
Item die gutschen vff das schüff zu Grauesenda zu lüffern, von einander zu legen, auch vnnser vellisen dahien zu fhüren sambt der zherungh 3 Kronnen, thut .	4 gld.	12 bz.
Item des Spiellmanß gutscher, so das wägelin kauffen helffen, vnnd den wier sonst viell mit hien vnnd hero schückhen bembüet, verehrt 2 Kronnen, thut .	3 gld.	3 bz.
Den 15. May wieder von Londen hienwegh zum Spiellman vff der Tems 6 sch. .	1 gld.	9 bz.
Item bey dem Spiellman, weyll ehr gar ein stattliche gastung gehaltten vnnd vnnser 16 Personnen gewesen, so mich beleittet, verehrt 4 Kronnen, thut . .	6 gld.	6 bz.
Item von den pferdten von Spiellmanß mhüll biß gen Grauesenda 1 Kronnen .	1 gld.	9 bz.
Item von Grauesenda biß gen Rochester die schüff zu besehen für pferdt 18 sch., das thut	4 gld.	12 bz.
Zu Rochester vf vier vnderschiedtlichen grossen schüffen: Il Triumpho, L'orso, La Victoria, L'honneur de la mer, verehrt 4 Kronnen	6 gld.	6 bz.
Zu Grauesenda haben wier verzert 8 Kronnen vnnd 1 sch., das thut . .	13 gld.	1 bz.

Für prouision vff das schüff sambt Span-

Außgab.

nieschen Wein 26 sch., thut . . .	6 gld. 14 bz.
Dem Sucher 4 sch.	1 gld. 1 bz.

Sein also den 17. May von Grauesenda abgeschüfft.

Den 19. aber wegen wiederwerttigen wiendts zu Harwitz 24 meill von Londen wieder einlauffen müssen, daselbsten gelegen fünff gantzer tagh, verzert 12 Kronnen 4 sch.   20 gld. 4 bz.

Item sein wier zu Londen mit dem schüffman, Peter Pont, für 5 Personnen vnnd aller anderer vnnserer zugehör biß gen Hamburgh zu fhüren eins worden zu geben 8 ℔ sterling, darunder ehr nit nemen wöllen, die thun 26 Kronnen 4 sch. oder   42 gld. 10 bz.

Den schüffleüthen verehrt . . .   1 gld. 3 bz.

Den 28. zu Hamburgh ankhommen, vnnser gezeugh vß dem schüff zu tragen . .   1 gld.

Bei dem Württ zum güldenen Falckhen, welcher vnnß onbillich gerechnet, vnnd doch allein mit bier gespeist, sein ihm vierten tagh wieder vf gewesen, verzert 76 sch., thut . . . . . .   20 gld. 4 bz.

wiewoll ehr noch bey 8 Kronnen darüber in sein rechnung gesetzt, welche ihm abgebrochen worden.

Den letzten May zu Altisloe übernacht, verzert	3 gld. 5 bz.
Item dem gutscher von Hamburgh biß gen Lübeckh	4 gld.
Den ersten Juny gen Lübeckh, alda sein wier gelegen ein tagh, verzert . . .	5 gld. 6 bz.
Den 2. zu mittagh zu Mhülen verzert .	3 gld.
Zu nacht zu Atlemburgh . . .	3 gld.

Den 3. zu Lünenburgh.

Vf dem thurn verehrt	4 bz.
Saltzpfannen zu sehen	10 bz.
Für die gutschen von Lübeckh . .	4 gld. 3 bz.
Vff dem Rhatthauß verehrt . . .	9 bz.

Außgab.

Zu Lünenburgh verzert	2 gld.	
Zu Alendorp verzert	1 gld.	5 bz.
Den 4. zu Saurborckh	1 gld.	8 bz.
Zu nacht zu Cambßhem	3 gld.	2 bz.
Trinckgeltt		1 bz. 2 cr.
Den 5. zu Braunschweigh verzert	2 gld.	
Zu nachts zu Wolffenbüttell	3 gld.	5 bz.
Den 6. zu mittagh zu Langleben bey Heinrich Schenckhen nichts verzert.		
Dem weghweyser		3 bz.
Zu Helmstatt zu nacht verzert	3 gld.	2 bz.
Den 7. zu Erckhsleben	1 gld.	9 bz.
Abents gen Magdenburgh, alda der wescherin		5 bz.
Item dem gutscher von Lünenburgh biß gen Magdenburgh	10 gld.	
Zu Magdenburgh sein wier den sontag geblieben, verzert	5 gld.	
Dem schüffman von Hamburgh biß gen Magdenburgh das wägelin vnnd ander vnnser zugehör zu füren	18 gld.	
Trinckgeltt		10 bz.
Den 9. zu mittagh zu Zerbst, blieben alda vnnd waren des andern tagh nach der suppen vff, weil wier ehe nit fürhaben können, verzert	3 gld.	5 bz.
Dem gutscher biß gen Zerbst	1 gld.	5 bz.
Den 10. dem bauren, so vnnß gefürt	1 gld.	5 bz.
Zu Coßwickh zu mittagh	2 gld.	
Von dannen dem botten, so vnnß zu fuß gefürt biß gen Wittembergh		3 bz.
Den 11. sein wier da geblieben, haben D. Egidium Hunium zu gast gehabt, verzert	7 gld.	
Den 12. zu Dieben zu mittagh	1 gld.	13 bz.
Vf den abent gen Leiptzigh, sein da blieben ein halben tagh, verzert	5 gld.	
Verehrt		3 bz.
Dem gutscher von Wittembergh biß gen		

Außgab.

Leiptzigh	4 gld. 6 bz.
Item von Leiptzigh biß gen Nürnbergh einnem gutscher vnnß zu fhüren . .	22 gld.
Vnnd ist zu wüssen, das wier yederzeytt vff dieser reyß das mall für den gutscher zu bezalen.	
Item dem gutscher von Magdenburgh biß gen Leiptzigh das wägelin zu fhüren .	9 gld.
Den 13. zu Litzen über nacht . . .	2 gld. 4 bz.
Den 14. zu Newenburgh zu mittag . .	1 gld. 11 bz.
Zu nacht zu Gena	3 gld. 7 bz.
Den 15. zu mittagh zu Rudelstatt verzert .	2 gld.
Zu nacht zu Greuenthall . 66 . .	3 gld. 10 bz.
Den 16. Newstettle an der Heydt zu mittagh verzert	2 gld. 5 bz.
Zu nacht zu Koburgh	3 gld. 4 bz.
Den 17. zu mittagh zu Radelßdorff . .	2 gld. 5 bz.
Zu nacht zu Bambergh	3 gld. 2 bz.
Den 18. zu Beyersdorff verzert . . .	2 gld. 8 bz.
Zu nacht zu Nürnbergh beim Bitterholdt einkert	4 gld. 8 bz.
Das Zeüghauß zu besehen 1 thaler .	1 gld. 3 bz.
Item der wescherin	5 bz.
Denen, so wegen E. F. G. vnnß 10 staff oder grosse kanten mit malwasier vnnd anderen süssen weinnen verehrt, geben	1 gld.
Weyll der Engliesch wagen noch dahinden, vnnd ich besorgt, der costen würde sich vf solchem heyssen pflaster mit dem erwartten zu weitt einreissen, bin ich mit meinner geselschafft den 21. hiezwieschen zu meinnem bruder gen Kröblitz 11 meill wegs von Nürnbergh gefharen, vß gewesen 8 tagh, vnnd hab dem gutscher geben vf 4 pferdt täglich 1 thaler, thut . .	9 gld. 9 bz.
Vnder wegen verzert zu Amberg . .	3 gld.
Item zu Hirschaw	3 gld.

Außgab.

Item das Engliesch wägelin von Leiptzigh biß gen Nürnbergh zu fhüren	20 gld.	
Item farben zur gutschen		12 bz.

Die übcrige zeyt bin ich bey meiner schwester in Nürnbergh biß vff den 3. July geblieben, ohn E. F. G. costen.

Den 3. July bin ich zu Nürnbergh vf gewesen, alda ein gutschen für vnnß vnnd zwei pferdt zum Englieschen wägelin bestellt, dafür bezaltt zusambt der zherungh biß

gen Stuttgartten 18 thaler, thut	21 gld.	9 bz.
Zu nacht zu Winßbach verzert	6 gld.	3 bz.
Trinckgeltt		2 bz.
Botten		2 bz.
Den 4. zu mittagh zu Wückhmanßmhüll verzert	4 gld.	13 bz.
Zu nacht zu Elwangen	6 gld.	5 bz.
Zur letze		2 bz.
Den 5. zu mittagh zu Vnder-Bebingen	4 gld.	8 bz.
Zu nacht zu Schorndorff	7 gld.	2 bz.

Den 6. gen Buochenbach 6 7/.

Den 7. gen Stuttgartten, einnem so das wägelin vßgebutzt		3 bz.
Dem gutscher selbander mit 6 pferdten wieder nach Nürnbergh, die rückhzherung	8 gld.	
Item so hatt des Spiellmanß vetter mit dem Englieschen wägelin von Hamburgh biß gen Nürnbergh verzert	16 gld.	

Summa Summarum aller Zherungscosten vnnd außgebens biß hieher, thut:

909 gld. 3 bz.

Volgt mein Eherkleidt:

Item für sammet zu hosen vnnd wammes 6 gärtten vnnd 3 virtell, die gärtten 3 Kronnen, thut 20 Kronnen 1½ sch.	32 gld.	6 bz.
Vier gärtten barchent 4 sch.	1 gld.	1 bz.
Ein halb elen doppeldaffet 1 Kronnen	1 gld.	9 bz.

Außgab.

Item für duch zum mantell 3 gärtten vnnd ein viertell; die gärtten 13 sch., das thut 42 sch. 3 d.	11 gld.	4 bz.
Item ein gärtt futterduch 2 sch. 9 d. .		11 bz.
Der güldenen gallonen zum mantell sein 4½ lot wönniger ein sechzehenteill, der güldenen spurschnierlin zum kleidt 2½ lot wönniger ein sechzehentheill, das lot 5 sch., thut 33 sch. 9 d. Das weren 5½ Kronnen 9 d.	9 gld.	
Für seiden 2½ sch.		10 bz.
Mher für futterduch 9 sch. 3 d. . .	2 gld.	7 bz.
Für ein paar seiden stimpff 6 Kronnen, das thut	9 gld.	9 bz.
Für knöpff zum wammes 3 duzet, thut 2 Kronnen	3 gld.	3 bz.
Item den mantell zu machen 6 sch. . .	1 gld.	9 bz.
Item hosen vnnd wammes vnnd den leib darunder zu machen 8 sch. . . .	2 gld.	2 bz.
Item hab ich dem Hans Eplin von Güglingen, alß zugegebnem diener, zur notturfft ein düchin kleidtlin machen lassen, weyll ehr vf die reyß sein kleidtlin hiengericht:		
Item für duch zu hosen vnnd wammes 2 gärtten ein viertell, die gärtten 7 sch. 8 d., thut 17 sch. 3 d.	4 gld.	9 bz.
Item für futterduch 9 sch. . . .	2 gld.	6 bz.
Dann zu machen 6 sch. . . .	1 gld.	9 bz.
Demselbigen vff der reyß 2 paar schue	1 gld.	5 bz.
Volgt was für E. F. G. von mir vnderthännig einkaufft worden:		
Item 6 paar Engliesch händtschuch, ein paar ins ander vmb 8 sch., thut 48 sch., die thun	12 gld.	12 bz.

Item zwölff paar schönner seidener stimpff, ye ein paar ins ander vmb 6 Frantzösiesche

Außgab.

Kronnen, thut 72 Kronnen . . .	115 gld.	3 bz.
Item für den Engliesehen wagen zusambt den zeügen zu den rossen 34 ℔ sterlingh, die thun 113 Kronnen 2 sch., oder .	181 gld.	5 bz.
Item ein deckh über das wägelin, dafür bezaltt 12 sch.	3 gld.	3 bz.
Item für ein armbrust 15 Kronnen, thun	24 gld.	
N. B. Was vff den wexel gangen vnnd an den letzten 400 Kronnen, welche zum theill in Teütschland höher nit alß 23 bz. vßgeben worden	36 gld.	8 bz. 1 cr.

Summa Summarum aller vßgaben:
1367 gulden, 14 bazen, 1 creützer.

Wan nun Innahm vnnd Vßgab gegen einander abzogen werden, bleibt Hochgedacht Vnnser gnediger Fürst vnnd Herr (über in der Innahm vermeldte 770 guld. 8 bz. 1 cr., so Sie Georg Gwandtschneidern in Nürnberg widererstatten lassen müssen) ime Breüning hinaus schuldig:

18 guld. 4 baz. 3 cr. [1].

*

[1] Am Schlusse der Rechnung hat Herzog Friderich als Zeichen seiner Billigung eigenhändig seinen Namen unterzeichnet.

ANHANG.

Unter den in dem Geh. K. Haus- und Staats-Archive vorliegenden Documenten über die im Jahre 1603 erfolgte Verleihung des Hosenbandordens an Herzog Friderich von Württemberg (s. oben S. 2) befinden sich nachstehende zwei, hier anhangsweise abgedruckte, Actenstücke von allgemeinerem Interesse, nämlich:

I.

Kurtze vnd Summarische erzelung der Ceremonien, so am 25. Julii alten Calenders, Anno 1603, bei der Crönung vnd salbung des Königs vnd der Königin in Engelandt sich zugetragen [1].

Als sich S. Jacobs tag, vnd nach demselben S. Annæ, welche des Königs vnnd der Königin Namen seind, vnd am 25. vnd 26. Julii stylo veteri, genahet, vnd I. M. die Crönung vnd gewönliche salbung in der Kirchen zu Westmünster bei Londen, an welchem ort solche Ceremonia von alters her alle zeit verrichtet zu werden pfleget, welchs I. M. nit endern wollen, vnangesehen des grossen eingefallenen sterbens vieler vrsachen halben fortgehen lassen wollen, haben Sie zuvorderst durch offene Patent das Volck bitten, auch bei angesetzten Pönen verbieten lassen, daß sich keiner dorthin begeben wolle, der seines ampts vnd gebür halb nit daselbst

---

[1] Auf diesem Archivaldocumente findet sich, wie es scheint, von der Hand Benjamin Bouwinghausen's, nachstehende Bemerkung: „Dieses ist zu Speyr allso getruckt vnd offentlich verkaufft, von meym bruderen gefunden vnd erkaufft worden: bedünckt mich, seye auß meyner Relation, welche ich nitt weiß wie sie mocht seyn divulgirt worden. Ist gleichwoll nichtts drau gelegen, wan andere sachen nitt außkhommen."

sein müste. Hatt auch gegen der Statt London, desto mehr die contagion zuverhütten, barricades machen vnd wacht halten lassen, damit das Volck auß derselben nit hin zu tringen mögte.

Wiewoll nit desto weniger nit allein die Kirchen (welche der grösesten vnd schönesten eine in Europa) sondern auch alle plätz vnd gassen drumher, so voller Leutt, vnd das wasser so voller Schiff gewesen, das man sich fürm Volck nit regen mögen.

Zween tag für der Crönung hatt sich der König von Hamptconcourt zu wasser biß in sein Pallatium bey Londen, Witteball genant, allernegst bey vorgenanter Kirchen gelegen, begeben, vnd alle anwesende Königliche, Chur- vnd Fürstliche Gesandten dieser solenniter beyzuwohnen geladen. Welches als am 25. Julii zu früer tagzeit von denen so dazu deputirt gewesen an ihr behörliche ortt in der Capell, da die Ceremonia verricht werden solte, gebracht: sein der König vnd die Königin vngefehr vmb 10 vhren Vormittag von Witthall auß zu fuß biß in gerürte Kirchen gegangen, welche zugericht gewesen wie folgt:

Von des Königs Hoff oder Pallast biß in die Kirch war der boden vff der gassen mit weißen wüllen thuch, die beide seiten aber mit violfarben behenckt vnd bedeckt: welchs der gemein Pöffel, sobaldt der König fürüber gewesen, zerrissen vnd vnder sich getheilt: gleicher gestalt ware der boden in der Kirchen mit weißem, in der Capell aber mit rotem, scharlach wie auch die steigen vnd wende vnd in Summa alles bedeckt. Die Wapen vnd Panier der Königreich vnd Provintzen waren nach einander gantz zierlich auffgesteckt.

Sobaldt der König zur Kirchen genahet, haben alle Trommeten, so in der Kirchen hin vnd wider gestellet gewesen, anfangen zu blasen, aber sobaldt Er zu der Capell kommen, hatt die Musica, so zu beiden seiten derselben gewesen, angefangen.

Für dem König her giengen erstlich zwölff Herolden mit ihren Sceptern in gulden stück gekleidet, dieselben trugen vff ihren Rucken fornen vnd hinden die Königliche Wapen. Vff dieselbe folgten die Rechtsgelerten, hernacher die vom Parlament; die Rathsherren vnd Amptleutt auß den Provintzen vnd Stätten. Nach diesen 100 Ritter, so man Bainritter nennet, welche der König alle erst den vorigen tag zu Rittern gemacht, hatten alle violfarben lange Röck oder Talar an: sonst durchauß weiß gekleidet, mit weißen feddern auff den hütten.

Nach diesen kam die Guardia, dern 50 vom adell alle mit besondern Hellebartten vnd langen seiden rott Carmosinen damasten Röcken, (die ordinari Guardia wartete bei den Thoren auff) vnd nach diesen alle Ritter des Ordens de la Jartiere oder vom Hosenbendel, Graffen, Herrn, Fürstmeßige, zween vnd zween in langen scharlachen röcken mit Hermelin gefüttert vnd mit rutten Hütten, darumb Cronen gemacht, vnd das bort gleicher gestalt mit Hermelin gefuttert.

Nach diesen giengen etliche Bischoff violfarb gekleidet, vnd vff dieselbe giengen 4 Herolden, die trugen 4 Scepter. Nach denen zween Grauen, die trugen bloße Schwerter. Darauff einer, der trug das Königlich Schwerdt in der scheidt. Darauff ein ander die Cron, vnd endlich zween andere, vnder denen der eine den Orden des Hosenbendels, der ander ein trinckgeschier vnd ein gulden schüssel.

Darnach kam der König vnder einem Baldequin oder Himmel in gleicher kleidung, Rock vnd Hutt, wie die vorige Lords oder Herrn, zu seiner seiten gingen die zween Ertzbischoff von York vnd Cantarbary, an dem Baldekin oder Himmel, welcher von gulden stuck, hiengen 4 glöcklin. Vnd folgte auff den König der Capitane des guardes mit einem vnsäglichen Hauffen adels vnd anderer Personen, vnder welchen kein ordnung.

Sobald der König vff die höhe der Capellen kommen, setzte Er sich auf ein stuell, so an der rechten hand mit etlichen staffelln vffgerichtet, vnnd die Lords oder Herrn vmb Ihm, dan den andern ward nit gestattet vff die höhe der Capel zu gehen (sondern musten im Eingang verbleiben) biß die Königin herzukam.

Für derselben her giengen Ihr Cämmerer vnd etlich wenig officierer. Sie ward vnder einem gleichen Himmel geführt, wie der König, hatte zu jeder seiten einen Bischoff, eine große schwere Cron mit vielen edlen Steinen vffm Haubt, mit langen fliegenden baaren, truge die brust vffen, wie in Engeland der brauch, vnd ware sonst mit ein rotem scharlacken mit Hermelin gefutertem Rock angethan.

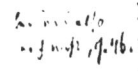

Negst nach Ihr vndern Himmel gienge Madame Arbela, die negste Fürstin des geblutts nach dem König. Vnd hernacher die Gräffin Laidin vnd andere Furstmeßige Frawen, alle in rot scharlach gekleidet, mit Hermelin gefuttert, vnd weiten Ermelen gar altfrenckisch, zwo vnd zwo, trugen Ihre Cronen an dem lincken arm.

Die Königin setzte sich gleich vff den andern stuel, so auff der lincken seiten neben den König vffgerichtet, hernacher fürt man den König näher zu dem altar, kleidet ihn anderst, führet ihn herfür wider zu dem vorigen stull, doch etwas höher. Daselbst zeigt man Ihn dem Volck, in die vier Eck der Kirchen, dahin Er sich wendete, mit vermelden, <u>ob sie ihn für ihren König erkennen wolten, vnd keiner were, der dawider zu reden hette</u>. Darauff das Volck samptlich mit heller stim vnd frolocken ja geschrien, <u>die hand vnd hüt über sich geworffen</u>, also daß man für dem getummel vnd geschrei der Trummeten vnd Posunen keiner hören oder sehen mögen.

NB.

Nach diesem fürt man den König fürn Altar, daselbst offert Er, hernacher zeigt man Ihn auß, salbet ihn mit einem <u>Oel auffm Haupt</u>, vnd vff die lincke achsel, <u>da man Ihm das Wambis vffgeschnitten</u>. Darauff hält der Ertzbischoff von Cantarbery eine Predigt. Vnd nach diesem alß der König wieder angezogen mit einem langen Königlichen Talar, setzte man Ihn vff ein stull vorm altar. Vnder welchem liegt der stein, auf dem der Patriarch Jacob geruhet soll haben, alß Er die Engell in Himmel steigen sehen (diesen hat ein König in Engeland hiebeuor in Schotland, als Ers erkriegt, genommen); daselbst ward Ihm das Schwerdt angegürtet vnd die Sporen, hernacher die Cron vffgesetzt, vnd ein Scepter in eine hand, ein ander Scepter in die ander, darauff ein Crucefix. Mit diesem Habit führt man Ihn wider vff den hohen stuell, zeigt ihn abermall dem Volck vnd schreiet auß in die 4 Eck der kirchen durch ein Herolden, daß nunmehr menniglich <u>Jacob, den sechsten deß Namens König in Schottland</u>, für ein König in Engeland, Franckreich vnd Irland, den ersten dieses Namens, erkennen solten, ihm trew vnd hold sein, mit andern dergleichen worten, darauff das volck abermal ein großmechtig geschrei vnd plaudern angefangen, deßen der König woll lachen mögen. Deßen Cron so schwer gewesen von großen edlen Steinen, daß zween Bischoff dieselbe Ihm vffm haupt erhalten musten.

Wie das geschrei fürüber, bringen Ihm die Ertzbischoff ein Buch, darauff must Er schweren, den Geistlichen, adell, Stätt vnd gemeinen Man ihro Freiheiten zu erhalten, dieselbe nit zu supprimiren vnd wie ein gutter König vnd ein Vatter seines Volcks zu regieren; darauff schwuren Ihm hingegen alle Ständ, vnd insonderheit alle Grauen vnd Herrn, so fürhanden, gehen hinauff zu seim stuell vnd leisten Ihm den Eid. Sobald solches fürüber, lüße man eine Bullen ab, darin der König alle gefangne loß ließe, vnd alle Mißethaten verziehe, außerhalb dern, so crimen læsæ Maiestatis in sich begriffen, darüber das Volck abermalh gefrolocket. Wie auch die gantze zeit über die Orgelen, Stimmen vnd andere Musica per intervalla erschallet.

Und hat man hiezwischen die Königin auch gleicher gestalt, wie vor den König, gesalbet vnd gekrönet, vnd endlich ihnen beiden fürm altar zutrinken gegeben.

Vnnd dieweil es überauß warm, vnd etliche stund gewähret, seind sie in die Sacristey gangen, vnd daselbst Collation gehalten: deßgleichen man auch den König- Chur- vnd Fürstlichen Gesandten in ihre Stende gebracht, also daß sie alle in der kirchen taffell gehalten, vnd sich anderst angezogen, aber nit in Pontificall-, sondern gemeinen kleidern. In welchen gleichwoll fliegendem Haar der König hernach mit unzalbarn Schiffen begleitet mit der Königin vffm wasser biß zur brucken vnd wieder nach seinem Palatio zu Witthal gefahren, vnd sein darauff etlich tausent frewdenschuß auß dem Tour vnd andern ortten beschehen.

Verzeichnuß aller Ritter deß Ordens de la Jartiere, wie sie der jetzige König bald nach dem I. M. zur Cron kommen, über die so schon zuuorn gewest, benent vnd damit die zahl der 26, über welche man nit steigen kann, ergentzt.

Auß dem Original, so mit I. M. eigener hand geschrieben gewesen, vnd vnderschrieben verzeichnet.

Der Obriste dieses Ordens ist der König selbst.
Der Printz von Valles, sein eltester Sohn.
Der König von Franckreich.
Der König von Dennemarck.
Der Hertzog von Wirtenberg.

Der Graff von Nottingham, Admiral.
Der Graff von Ormondt.
Der Graff von Schrasbery.
Der Graff von Northumberlandt.
Der Herr Schiefeldt.

Der Herr von Hunsdon.
Herr Heinrich Lea.
Herr Cobhamb.
Der Graff von Derby.
Der Hertzog von Lenox.
Der Graff von Mar.
Der Herr Buckhorst, Grand Thresorier.
Der Graff von Comberlandt.
Der Graff von Worcester, Groß Marschalck.
Der Graff von Suffolck, Cämmerer.
Der Graff von Vonshere.
Der Herr Montioy.
Der Graff von Susex.
Der Herr Strope.
Der Herr Burghley.
Der Graff von Southampten.
Der Graff von Pembrock.

Zu Winsor in der Capellen hencken auch die fahnen vnd wapffen der Ritter in dieser Ordnung zu beiden seiten, allein die Stellen für Dennemarck vnd Wirttenberg sein lähr plieben.

Verzeichnuß der Gesandten, so am Königl. Englischen Hoff gewesen, mit der anzall Ihrer Personen, vnd wo sie gelegen, auß dem Furierzettul gezogen.

Der Herr Marggraff von Rhosny ist wegen Königl. Mayst. in Franckreich mit 120 vom adell, vnd in allem mit 250 Personen zuuor drinnen gewesen, hat sein losament gehabt in der Statt Londen, weil damals daß sterben noch nit so starck eingerissen.

Der Herr Graff von Beaumont, höchsg. Königl. Mayst. Gesandter, folgt jederzeit dem Hoff ordinarie mit seiner haußfrawen vnd gesindt, ist starck etlich vnd sechzig Personen.

Herr Christian Frieß, der Cron Dennemarck Cantzler, vnd Heinrich von Bulaw, beide Königliche Dennemarckische Gesandten, waren logiert zu Richmond mit 34 vom Adell vnd in allem 120 Personen.

Der Herr Graff von Arenberg, der Hertzogen von Brabandt Gesandter, logiert zu Steens, wird dem Hoff folgen mit etlich vnd 50 Personen, hatt zu anfang in die 200 bei Ihm gehabt, welche er darnach zurück geschickt.

Die Churf. Pfaltzgräuische Gesandten, Herr Otto Graff von

Solms vnd Wolradt von Pleßen, wharen vorm großen sterben logirt zu Londen mit 40 Personen.

Herr N. von Löuen, Churf. Brandenburgiescher Gesandter, war logirt zu Rinsthon in ein Wirtshauß mit vieren vom adell vnd in allem 17 Personen.

Monsieur de Baurbonne, Fürstl. Lottringscher Gesandter vnd Großhoffmeister, war logirt zu Mort lac mit 20 vom adel, vnd in allem vff die 60 Personen.

Herr Adam Crause, F. Braunschweigischer Gesandter, war logirt zu Tvvicknam, mit 10 vom adell vnd in allem bey 30 Personen.

Herr Beniamin Buwinckhausen von Walmeradt, F. Wirtenbergischer Gesandter, war logirt mit 8 vom adell, vnd in allem bey 30 Personen, zu Richmond.

Der Ordinari Venetianischer Gesandter war logirt zu Medenhid mit etlich vnd 30 Personen.

Herr Heinrich Printz zu Oranien vnd Graff von Nassaw, Herr Johan von Olden Barneuelt, Herr von Tempel, Aduocat vnd Bewahrer des Siegels von Hollandt, Herr Jacob Falck, Thresorier von Seelandt (so daselbst gestorben), der General Staten Gesandten, waren logirt anfänglich zu Londen, mit etlich vnd 100 Personen.

Der jetzo residirender Statischer Agent, der Herr Laron, folgt dem Hoff mit 15 Personen.

Der Statt Genff Gesandter folgt gleichfalß der Hoffhaltung, hatt aber noch nit Audientz gehabt.

Gesandten, dern man noch täglich erwartet.

Don Juan Taxis, Generalpostmeister, Königl. Hispanischer Gesandter, solle ankommen mit überauß großem Pracht.

Il Conte de Montecuculo, des Großhertzogen von Florentz Gesandter, solle ankommen mit 100 Personen.

Il Signor Duodo vnd Cauallier Marino, extraordinari Venetianische Gesandten, sollen ankommen mit 200 Personen.

Desgleichen thätt man der Königl. Polandischen, Schwedischen, Moscowitischen vnd Churf. Sächsischen Gesandten auch daselbst erwarten, dern Namen vnd anzahl der Leut noch nit einkommen.

II.

Aufschrift.
Herrn Cammersecretario Joanni Sattler. M. Fölix Bidembach, Hofprediger des Engelländischen Predicanten halb, was er mit ihme für ein Gesprech gehalten.

Salutem in Domino. Insonders lieber Herr Cammersecretarie. Mit dem Englieschen Predicanten ist es allso beschaffen, das wiewol mein Collega vnd ich über tisch ihne wie auch ich in meinem Losament, dahin ich in geführet, der Religion halb mehrfeltig angesprochen, das er sich doch gantz vnd gar in kein Disputat einlassen wöllen. Ob er ime selbs nit getrawet oder wie es beschaffen, kann ich nicht wissen. Daneben aber, was Ich ime immermehr für propositiones nostræ sententiæ conformes fürgehalten, hatt er Ihme dieselben allwegen lassen gefallen vnd nichts widersprochen. Ich hab ihme auch brieff fürgewiesen, in welchen Brentius selig ist durch den Englischen gesanten anno 1551 zur Schul Cantebrigien in Engeland abgefordert worden, deren hat er Copias begert, so ich ime zugestellet. Dabei er sich verlautten laßen, das die opera Brentii in Engellandt wol bekantt: Et se multum legisse in scriptis Brentii. Neminem sibi ita satisfecisse, vt Brentium. Das seyen seine Wort. Darauff hab ich ime klein vnd groß Catechismum Brentii zugestellet, Item compendium Theologiæ D. Herebrandi, Institutiones Theologiæ Osiandri, vnd eiusdem paraphrasin über die gantze Bibel etc. Dabei ihme angezeigt, das es ex mandato Illustrissimi Domini Ducis geschehe; hat es mit vnderthenigem Dank angenommen vnd angezeigt, sollen ime liebe Bücher sein. Es ist kein Exemplar confessionis Wirtembergensis fürhanden, latine, sondern nuhr eines Gallice. Nuhn versteth er nit Frantzösisch. Aber in obbemelten Büchern findet er die Confeßion in allen articulis. Alß ich ihne in die kürchen geführet vnd gefragt, wie ihme die Orgel vnd Music gefalle, vnd ob sein König dieselbigen auch leide (welches sonst nitt alle Caluinisten thun) hat er geanwurttet, vil in Engellandt, besonders aber die Schotten, halten nichts vff Orgel vnd Musik: aber er laß sie im wohl gefallen. Sein König halte es nitt mit den Puritanis, (das seien die rechte Caluinisten, die wöllen puriores als andere sein) sondern sei einer anderen Meinung in ettlichen stücken. In articulo de Christi Descensu ad inferos halt es der König nicht mit dem Episcopo Vintoniensi, mit dem der König wölle laßen Disputation halten vnd er presidiren, dann der König glaub, quod Christus ratione loci weiter nicht kommen sey alß ins grab. Weitern bericht von seinem König könne Er nit geben, alß der nit zu hofe ist. Dann er, Joannes Bousserius, ist nicht in publico ministerio, sondern bißhero ein canonicus oder Collegiat in Collegio Oxoniensi ettlich Jar gewesen, da sie ir Wesen mit singen, betten vnd dergleichen haben. Nachdem er nuhn (alß ein junger lediger gesell) in Teutschland zu reisen Lust gehapt, sei er von dem Legato Spencerio mitt vff diese Reise genommen worden. Für sein person ist er sonst ein freundlicher, holdtseliger junger Mann, der alles gut heißet. Muß aber dannoch in articulo de Cœna mit ihme nicht gar richtig stehn, dann er die libros Zanchii sehr commendiret vnd die professores Oxonienses alß Witacker vnd andere sehr rümet, die in hoc præsertim articulo gar caluinisch. Ne igitur offenderetur, sed magis ædificaretur, haben wir ihme nit Polemica sondern Didactica scripta mit fleiß mitgeben wöllen [1].

13. Nouember 1603.

Felix Bidembach.

*

[1] Am Rande des Documents steht von Bidembach's Hand folgende Anmerkung: „Es ist ein Stipendiat, der predigt teutsch in Engelandt bei „einem Bergwerck, so ettliche Augspurgische Kaufleut bestanden."